経済学叢書 Introductory

はじめての人のための
経済学史

江頭 進

新世社

はじめに

　本書は，経済学史を学ぶ学生がはじめて手にして，自分の力で読むことを想定した入門書です。

　経済学史，経済思想史にはすでに優れた教科書があり，ある程度以上の知識と関心を持った学習者にとって新たに作られたテキストは不要かもしれません。しかし，残念ながら，経済学を学ぶ多くの学生，特に初学者にとってそれらの教科書のほとんどは自力で読むには高度すぎるのが難点でした。

　これは近年の経済学の教科書の多くが，その分野の専門家たちが各章を分担して執筆するという形を採るためです。この方法には，内容は非常に濃いものとなるというメリットがある反面，高校時代に世界史すら履修したことがない学生たちにとって難しすぎる教科書になってしまうことがあるというデメリットもあります。既存の教科書の中には，初学者が独習に用いることがほとんど不可能な水準のものもあります。

　本書は，筆者が本務校で行っているリバースラーニング型授業で用いることを前提として書かれています。リバースラーニングとは，基礎的な知識は学生が講義外の学習で習得し，授業ではそれを元にしたディスカッションやプレゼンテーションに当てるという授業形式を指します。そのための教科書は，できる限り学生が1人で読んだときに理解できるか，あるいは理解できないところがわかる程度であることが望ましいとされています。

　本書では，わかりやすさを実現するためにいくつかの工夫を行いました。第一に，世界史を履修していない学生が読むことを想定して，それぞれの経済学者が生きた時代と国について，通常の教科書より多めに解説しています。その際に参考にしたのが，高校の世界史の教科書と年表であり，中学校以降世界史を履修していない学生にも理解できるように配慮しました。もちろん，世界史を履修したことのある学生にとっては，高校時代の勉強の続きとして読むこともできます。この方法の弊害として，世界史との直接的関係がわかりにくい経

i

済学者が脱落することが挙げられます．特に通常の経済学史の教科書には必ず載っている，J. S. ミルと J. A. シュンペータの章が欠けていることの問題点は認識しています．しかし，本書では重要な経済学者を網羅することより，あくまで理解しやすいことを優先しました．

　第二に，可能な限り，1章1トピックに限って解説するように心がけました．経済学説史研究の対象となるような偉大な経済学者はそもそもの関心が多岐に渡るし，現在のように専門分化が進んでいなかったため，広範な分野で活躍していることが普通です．ですが，経済学史研究者になるか，趣味で経済学者の思想を学びたいという人を除けば，個々の経済学者の議論をすべて覚えることはほとんど意味がないでしょう．それよりもむしろ，個々の経済学者が，それぞれの目の前に置かれた事情に対して，どういう考え方をしたのか，すなわちその思考の方法を捉えることの方が得ることが多いと考えました．

　経済は，現代社会に生きる人々であれば，誰もが直面するものです．お金がなければ生きていけませんし，お金を手にするため，あるいは手にした後でも経済活動を行う必要があります．町の書店に行けば数多くのビジネス書が並んでいます．そういう書籍は必ずしも経済学の専門家が書いたものではありません．玉石混淆であるということを置いておいても，いかに多くの人たちが経済に対して一家言あるかということがこのことからもわかります．

　その反面，経済社会は，非常に複雑で，一面的な理解を受け付けないところがあります．そんなとき，先人たちが何を見てどう考えたかを知ることは，読者が自分自身の経済観，社会観を作り上げるときの手助けとなるでしょう．

　最後に，株式会社新世社編集部の御園生晴彦様に深くお礼申し上げます．なかなか完成しない原稿を辛抱強くお待ち頂き，かつ原稿の改訂に重要なご示唆を頂きました．ですが，本書の問題点に関するすべての責任は執筆者本人にあります．

　2015年2月9日

江頭　進

目 次

第1章 ジョン・ロック：私的所有権の起源　1

- 1.1 ジョン・ロックの生涯 …………………………………… 2
- 1.2 ロックの時代 …………………………………………… 3
- 1.3 ロックの3権 …………………………………………… 5
- 1.4 社会契約としての国家 ………………………………… 7
- 1.5 階級闘争の時代 ………………………………………… 8
- 1.6 まとめ …………………………………………………… 9
- 補論　なぜ最初にイギリスで産業革命が起こったのか？　11

第2章 アダム・スミス：市場社会の基礎理論　15

- 2.1 アダム・スミスの生涯 ………………………………… 16
- 2.2 スミスの時代のイギリス ……………………………… 16
- 2.3 アダム・スミスの道徳哲学 …………………………… 19
- 2.4 分業が生み出す成長 …………………………………… 22
- 2.5 重商主義の教訓 ………………………………………… 24
- 2.6 労働価値説と自然価格 ………………………………… 28
- 2.7 自由市場と国家の役割 ………………………………… 31
- 2.8 まとめ …………………………………………………… 32

第3章 リカードとマルサス　35

- 3.1 ナポレオンの時代 ……………………………………… 36
- 3.2 リカードとマルサスの生涯 …………………………… 38
- 3.3 リカードとマルサスの論争 …………………………… 40
- 3.4 まとめ …………………………………………………… 46

第4章 カール・マルクス　47

- 4.1 資本主義社会の成長の影 …………………………………… 48
- 4.2 労働価値説に基づいた経済学 ……………………………… 50
- 4.3 搾取の構造 …………………………………………………… 51
- 4.4 修正主義論争 ………………………………………………… 56
- 4.5 帝国主義論 …………………………………………………… 57
- 4.6 ま と め ……………………………………………………… 59

第5章 限 界 革 命　61

- 5.1 1870年とはどんな時代か …………………………………… 62
- 5.2 主観的価値論 ………………………………………………… 63
- 5.3 限界革命の3人の主役 ……………………………………… 65
- 5.4 限界効用理論 ………………………………………………… 67
- 5.5 限界革命トリオの目指したもの …………………………… 74
- 5.6 ま と め ……………………………………………………… 76

第6章 アルフレッド・マーシャル　79

- 6.1 マーシャルの時代 …………………………………………… 80
- 6.2 マーシャルの理論 …………………………………………… 83
- 6.3 ま と め ……………………………………………………… 90

第7章 ソースティン・ヴェブレン　91

- 7.1 ヴェブレンの生きた時代 …………………………………… 92
- 7.2 進化論と経済学 ……………………………………………… 95
- 7.3 ヴェブレンの社会理論 ……………………………………… 97
- 7.4 ビッグビジネスの支配する産業社会 ……………………… 100
- 7.5 恒久的平和に向けて ………………………………………… 102
- 7.6 ま と め ……………………………………………………… 104

第8章　ジョン・メイナード・ケインズ　105

- 8.1　ケインズの生きた時代 …………………… 106
- 8.2　ケインズの略歴 …………………………… 108
- 8.3　『雇用・利子および貨幣の一般理論』……… 112
- 8.4　マクロ経済政策という考え方 …………… 120
- 8.5　資本主義の限界を超えて ………………… 121

第9章　フリードリッヒ・ハイエク　125

- 9.1　ハイエクの生きた20世紀 ………………… 126
- 9.2　ハイエクの経済理論 ……………………… 130
- 9.3　ハイエクの社会観・人間観 ……………… 134
- 9.4　自由主義思想 ……………………………… 137
- 9.5　まとめ ……………………………………… 142

第10章　ミルトン・フリードマン　145

- 10.1　フリードマンの生きた時代 ……………… 146
- 10.2　実証主義へのこだわり …………………… 151
- 10.3　恒常所得仮説 ……………………………… 153
- 10.4　自然失業率仮説と長期フィリップス曲線 … 154
- 10.5　フリードマンの自由論 …………………… 158
- 10.6　まとめ ……………………………………… 160

第11章　ゲーム理論　163

- 11.1　ゲーム理論の時代 ………………………… 164
- 11.2　ゲーム理論の発達史 ……………………… 166
- 11.3　ナッシュ均衡 ……………………………… 168
- 11.4　進化ゲーム理論の登場 …………………… 170
- 11.5　ゲーム理論の生まれた背景 ……………… 173
- 11.6　まとめ ……………………………………… 175

第12章 進化経済学と経済学の未来　177

　12.1　経済学の裏歴史 …………………………………… 178
　12.2　進化経済学とは何か ………………………………… 180
　12.3　経済学に未来はあるのか？ ………………………… 183

参 考 文 献 ……………………………………………………………… 187
索　　　引 ……………………………………………………………… 193
著 者 紹 介 ……………………………………………………………… 199

■参考年表

本書に登場する経済学者の生年と主要な著作	世界史上の出来事	日本史上の出来事
	1559 イギリス・国教会のプロテスタント化（統一法）	
	1562 ユグノー戦争	
	1572 イエズス会新大陸布教	
	1581 オランダ独立宣言	
	1588 スペイン無敵艦隊，アルマダの海戦でイギリスに大敗	
	1600 イギリス・東インド会社を設立	1600 関が原の戦い
	1601 エリザベス女王，救貧法制定	
	1602 オランダ・東インド会社を設立	1603 江戸幕府成立
	1604 フランス・東インド会社を設立	
	1609 ケプラー，惑星の運行法則を発見	1609 オランダ，平戸に商館設置
	1616 ガリレイ，地動説放棄を教会から強制される	1615 大坂夏の陣
	1618 三十年戦争が始まる（～1648)	
	1620 清教徒がメイフラワー号で北米に移住	
	1621 オランダが西インド会社を設立	
	1625 グロティウス『戦争と平和の法』	
	1628 イギリス・「権利の請願」成立	
	1631 明・李自成の乱	
1632 ジョン・ロック生（～1704：第1章）	1633 ガリレイ，宗教裁判をうける	1633 （～36, 39) 鎖国令
1640 ニコラス・バーボン生（～1698：第5章）	1642 清教徒革命始まる（～1649)	
	1643 フランス・ルイ14世の治世（～1715)	
	1648 ウェストファリア条約，三十年戦争を終結	
	1649 クロムウェル，チャールズ1世を処刑，共和制宣言	1649 慶安の御触書
	1651 イギリス航海条例。ホッブズ『リヴァイアサン』	
	1652 第一次英蘭戦争（～54)	
	1659 ピレネー条約（スペイン・フランス和す）	1657 明暦の大火
	1660 イギリス・王政復古（チャールズ2世即位）	1660 伊達騒動
	1661 ルイ14世の親政始まる	
	1664 コルベール（仏），西インド会社設立	
	1667 南ネーデルランド継承戦争（～1668)	1669 シャクシャインの蜂起
	1672 オランダ侵略戦争（～1678)	
	1673 中国・三藩の乱（～1681)	
	1675 イギリス・グリニッジ天文台設立	
	1679 イギリス議会で人身保護法が成立	
	1682 ヴェルサイユ宮殿が完成	1680 綱吉が将軍に
	1685 ルイ14世，ナントの勅令を廃止	
	1687 ニュートン「万有引力の法則」を発見	
	1688 イギリス・名誉革命	元禄文化
ロック・統治二論（1689)	1689 イギリス・権利章典公布	
ロック・人間知性論（1690)	イギリス-フランス間の植民地戦争	1689 芭蕉『奥のほそ道』の旅に

参考年表

1694	フランソワ・ケネー生（～1774：第2章）		ネルチンスク条約（清とロシアが国境画定）		
		1694	イングランド銀行成立		
		1700	ロシア・北方戦争（～1721）		
		1701	スペイン継承戦争（～1713）	1702	赤穂浪士討ち入り
		1707	大ブリテン王国，成立	1707	宝永地震　富士山が噴火
		1712	ニューコメン，蒸気機関を製作		
		1714	イギリス・ジョージ1世即位，ハノーバー朝始まる	1716	享保の改革（～45）
		1720	南海泡沫事件	1720	漢訳洋書の輸入緩和
1723	アダム・スミス生（～1790：第2章）	1726	スウィフト『ガリバー旅行記』		
1727	ジャック・ティルゴー生（～1781：第2章）	1727	キャフタ条約（清とロシアが国境を画定）	1727	大坂堂島米相場会所できる
		1728	ベーリング海峡発見		
		1732	ルイジアナ，仏王領植民地に	1732	享保の大飢饉
		1733	ジョン=ケイ飛びひの発明		
		1739	ヒューム『人性論』（～40）		
		1746	アメリカ・プリンストン大学創立		
		1754	ルソー『人間不平等起源論』	1751	吉宗が死去
		1756	七年戦争（～1763）	1755	安藤昌益『自然真営道』なる
	スミス・道徳情操論（1759）	1760	イギリス・産業革命（～1840）		
1759	ローダーデール生（～1839：第5章）	1762	ルソー『社会契約論』		
		1763	パリ条約～英仏講和		
1766	ロバート・マルサス生（～1834：第3章）	1769	アークライト，水力紡績機発明。ワット，蒸気機関改良	1767	上杉治憲，米沢藩改革始める
1772	デヴィッド・リカード生（～1823：第3章）	1772	『百科全書』完成		
1773	ジェームス・ミル生（～1836：第3章）	1773	プガチョフの農民の反乱（～1775）	1774	杉田玄白ら『解体新書』刊行
			ボストン茶会事件		
		1775	アメリカ独立戦争（～1783）		
	スミス・国富論（1776）	1776	アメリカ独立宣言		
		1783	パリ条約（イギリスがアメリカの独立を承認）	1781	天明の大飢饉（～89）
		1785	カートライト，力織機発明		
1787	リチャード・ウェイトリー生（～1863：第5章）	1787	アメリカ憲法成立	1787	寛政の改革（～93）
1789	フリードリッヒ・リスト生（～1846：第2章）	1789	ワシントン初代大統領，就任		
			フランス革命		
		1792	フランス・共和制宣言。国民公会	1792	ロシア使節ラクスマンが根室来航
		1793	第一回対仏大同盟（～97）		
	マルサス・人口論（1798）	1798	ナポレオン，エジプト遠征（～99）	1798	本居宣長『古事記伝』なる
		1799	ブリュメール18日のクーデター		
			第二回対仏大同盟（～1802）		
		1804	ナポレオン皇帝が即位，ナポレオン法典制定	1800	伊能忠敬，全国測量はじめる
		1805	トラファルガーの海戦　アウステルリッツの三帝会戦		
1806	ジョン・スチュワート・ミル生（～1873：第5章）	1806	神聖ローマ帝国滅亡　ナポレオン，大陸封鎖令を発令		
1810	ヘルマン・ゴッセン生（～1858：第5章）	1807	ティルジット条約。プロイセンの改革	1808	間宮林蔵が樺太探検
		1811	ラッダイト運動開始（イギリス）		
		1812	ナポレオン，ロシア遠征　米英戦争（～14）		
		1813	ライプチヒの戦い		
		1814	ナポレオン失脚，ウィーン会議開催（～1815）		

参考年表

		1815	ワーテルローの戦い　イギリス，穀物法制定	1815	杉田玄白『蘭学事始』なる
1818	カール・マルクス生（〜1883：第4章）				
		1819	イギリス，シンガポール植民地建設		
		1823	アメリカ大統領モンロー，モンロー宣言		
		1825	ロシアでデカブリストの乱	1825	異国船打払令
			オーウェンが共産社会「ニュー・ハーモニー」設立		
		1827	ドイツのオームが「オームの法則」を発表	1828	シーボルト事件
		1830	フランスに七月革命		
			ベルギーが独立		
		1831	マッツィーニが青年イタリア党結成		
1834	レオン・ワルラス生（〜1910：第5章）	1834	ドイツ関税同盟成立	1833	天保の大飢饉
1835	スタンリー・ジェヴォンズ生（〜1882：第5章）	1837	イギリス・ビクトリア女王即位（〜1901）	1837	大塩平八郎の乱
		1838	イギリス・チャーチスト運動が起こる		
1840	カール・メンガー生（〜1921：第5章）	1840	清・イギリス間にアヘン戦争（〜1842）	1841	天保の改革
1842	アルフレッド・マーシャル生（〜1924：第6章）	1842	南京条約　→香港島をイギリスに割譲		
1845	エッジワース生（〜1926：第5章）	1846	イギリス，穀物法廃止		
	ジョン・スチュアート・ミル『経済学原理』（1848）	1848	マルクス・エンゲルスの共産党宣言		
1848	ヴィルフレド・パレート生（〜1923：第5章）		ウィーン三月革命　ベルリン三月革命　フランス六月蜂起		
		1849	リビングストンがアフリカを探検		
1850	エドゥアルト・ベルンシュタイン生（〜1932：第4章）	1850	プロイセン欽定憲法発布		
1851	ヴェーム・バヴェルク生（〜1914：第5章）	1851	太平天国の乱（〜1864）	1851	中浜万次郎アメリカから帰国
1851	ヴィーザー生（〜1926：第5章）	1852	ナポレオン3世即位		
1851	ヴィクセル生（〜1926：第5章）	1853	クリミア戦争（〜1856）	1853	ペリー来航
1854	カール・カウツキー生（〜1938：第4章）	1857	セポイの反乱	1854	米・英・露と和親条約締結
1857	ソースティン・ヴェブレン生（〜1929：第7章）	1858	天津条約	1858	日米修好通商条約
1859	バローネ生（〜1924：第5・9章）	1859	ダーウィン『種の起源』を著す	1859	安政の大獄
			イタリア統一戦争（〜1860）		
		1860	英・仏連合軍が北京を占領	1860	桜田門外の変
			スペンサー『総合哲学体系』を著す		
		1861	アメリカ南北戦争（〜1865）		
			イタリア王国が建国される	1862	生麦事件
			ロシア・アレクサンドル2世農奴解放令発布		
		1863	アメリカ大統領リンカーンが黒人奴隷解放宣言	1863	薩英戦争
		1864	第一回インターナショナル結成（ロンドン）	1864	第一次長州征伐
		1865	リンカーン暗殺		
1867	アーヴィング・フィッシャー生（〜1947：第5章）	1866	普墺戦争	1866	薩長同盟
	マルクス・資本論（1867-1894）	1867	オーストリア=ハンガリー二重帝国成立（〜1918）	1867	大政奉還
		1869	スエズ運河が開通	1868	戊辰戦争　江戸開城
1870	レーニン生　〜1924：第4章）	1870	普仏戦争，フランス・第三共和政始まる	1869	東京遷都　版籍奉還
	メンガー・国民経済学原理（1871）	1871	ドイツ帝国，成立（〜1918），ヴィルヘルム1世が初代皇帝に，ビスマルクが初代宰相に就任	1871	廃藩置県
1871	ローザ・ルクセンブルク生（〜1919：第4章）		パリ・コミューン	1872	太陽暦を採用
1877	ルドルフ・ヒルファーディング生（〜1941：第4章）	1875	イギリスがスエズ運河株を買収	1876	日朝修好条規
1877	マクレガー生（〜1953：第8章）	1877	エジソン，蓄音機を発明	1877	西南戦争

ix

1877	ピグー生（〜1959：第8章）	1877	イギリス，インド帝国をつくる			
		1879	エジソン，白熱電灯を発明	1879	沖縄県設置　教育令	
			独墺同盟			
1881	ルードヴィッヒ・ミーゼス生（〜1973：第5・9章）	1881	イリ条約	1881	国会開設の詔	
		1882	墺独伊三国同盟			
1883	ジョン・メイナード・ケインズ生（〜1946：第8章）					
1883	シュンペータ生（〜1950：第12章）	1884	イギリス・フェビアン協会結成			
1885	フランク・ナイト生（〜1972：第10章）	1886	アメリカ労働総同盟（AFL）設立	1885	伊藤博文が首相	
		1887	フランス領インドシナ連邦成立	1887	保安条例	
		1889	第二インターナショナル結成（パリ）	1889	大日本帝国憲法制定	
	マーシャル・経済学原理（1890）		パリのエッフェル塔が完成	1890	第一回衆議院議員選挙　教育勅語発布	
1891	リンダール生（〜1960：第5章）	1894	東学党の乱	1894	日清戦争（〜95）	
1891	ワルター・オイケン生（〜1950：第10章）		露仏同盟			
1892	ジェイコブ・ヴァイナー生（〜1970：第10章）	1895	下関条約に独仏露の3国干渉			
1892	ポール・ダグラス生（〜1976：第10章）		マルコーニ，無線電信の実験に成功			
1893	ヘンリー・シュルツ生（〜1938：第10章）	1896	第一回近代オリンピック競技			
	ベルンシュタイン・「社会主義の諸問題」（1896）	1897	朝鮮が国号を韓と改める	1897	金本位制実施	
			ディーゼル，ディーゼル機関を完成			
1898	ミュルダール生（〜1987：第5章）	1898	米西戦争	1898	憲政党結成	
1898	ライオネル・ロビンズ生（〜1984：第8章）		ロシア社会民主労働党結成			
	ヴェブレン・有閑階級の理論（1899）	1899	オランダのハーグで万国平和会議開催			
1899	フォン・ハイエク生（〜1992：第9章）		アメリカが中国の門戸開放宣言			
1900	ロイ・ハロッド生（〜1978：第8章）		南ア戦争（〜1902）			
1901	サイモン・クズネッツ生（〜1985：第10章）	1900	アメリカ，金本位制採用			
1902	オスカー・モルゲンシュテルン生（〜1977：**第11章**）	1901	第一回ノーベル賞	1901	八幡製鉄所営業開始	
1903	ジョン・フォン・ノイマン生（〜1957：**第11章**）	1903	アメリカ・ライト兄弟有人動力飛行の成功	1902	日英同盟	
1903	ジョーン・ロビンソン生（〜1983：第8章）	1904	英仏協商	1904	日露戦争（〜05）	
1904	ジョン・ヒックス生（〜1989：第8章）	1905	ロシアで血の日曜日事件	1905	日比谷焼打ち事件	
1904	オスカー・ランゲ生（〜1965：第9章）		孫文らが中国革命同盟会を結成			
1904	アーサー・バーンズ生（〜1987：第10章）		ポーツマス条約			
1905	リチャード・カーン生（〜1989：第8章）		ベンガル分割令			
1906	ホーマー・ジョーンズ生（〜1986：第10章）	1906	イギリス労働党結成	1906	日本社会党結成	
		1907	イギリス・フランス・ロシアの三国協商が成立	1909	伊藤博文，ハルビンで暗殺	
1911	ジョージ・スティグラー生（〜1991：第10章）	1911	辛亥革命	1910	韓国併合	
			アムンゼン，南極点到達	1911	関税自主権回復	
1912	ミルトン・フリードマン生（〜2006：**第10章**）	1912	中華民国，成立	1912	大正に改元	
			清朝滅亡	1913	大正政変	
1914	アルバン・フィリップス生（〜1975：第10章）	1914	サラエボ事件	1914	シーメンス事件	
			第一次世界大戦が始まる（〜1918）			
			パナマ運河が開通			
1915	ポール・サミュエルソン生（〜2009：第5・12章）	1915	日本が中国に21か条要求			
1916	ハーバート・サイモン生（〜2001：第9章）		アインシュタイン，一般相対性理論を完成			
		1917	ロシア革命（三月革命・十一月革命）	1917	金輸出禁止	

		1918	ドイツ革命	1918	米騒動おこる　シベリア出兵
		1919	中国で五・四運動		
			中国国民党が発足		
			パリでヴェルサイユ条約		
	ケインズ・平和の経済的帰結（1919）		ドイツがワイマール憲法制定		
1920	ジョン・メイナード・スミス生（〜2004：第11章）	1920	国際連盟，成立	1920	国際連盟に加入
1920	ハーサニ生（〜2000：第11章）		ドイツにナチスができる		
1921	ケネス・アロー生（〜2017：第11章）	1921	中国共産党，成立		
			イタリアにファシスト党が結成される		
1922	ブライス生（〜1975：第11章）	1922	ワシントン海軍軍縮会議		
			ムッソリーニ，ファシスト政権を樹立		
			ソビエト社会主義共和国連邦，成立		
1923	シャープレー生（〜2016：第11章）	1923	ケマル・パシャがトルコ共和国を建国	1923	関東大震災
1924	ハウタッカー生（〜2008：第5章）	1925	五・三〇事件	1925	治安維持法・普通選挙法公布
1926	シュビック生（第11章）	1927	蒋介石の上海クーデター	1926	昭和に改元
1928	ジョン・ナッシュ生（〜2015：第11章）	1928	蒋介石が国民政府主席	1927	金融恐慌
			パリ不戦条約		
			スターリンによる第1次5か年計画開始		
	ケインズ・貨幣論（1930）	1929	世界経済恐慌はじまる	1929	金輸出解禁
1930	ゼルテン生（〜2016：第11章）	1930	ロンドン海軍軍縮会議		
1930	リチャード・ネルソン生（第12章）	1931	満州事変	1931	金輸出再禁止
		1932	「満州国」建国宣言	1932	五・一五事件
		1933	ヒトラー内閣が成立	1933	国際連盟を脱退
			ニュー・ディール政策はじまる		
			ナチスのユダヤ人迫害が始まる		
		1934	ヒトラー総統就任（〜1945）		
1935	シドニー・ウィンター生（第12章）	1935	エチオピア戦争（〜1936）	1935	天皇機関説問題
	ケインズ・雇用・利子および貨幣の一般理論（1936）	1936	スペイン内乱	1936	二・二六事件
		1937	盧溝橋事件		
		1938	ミュンヘン会談	1938	国家総動員法公布
		1939	独ソ不可侵条約		
			第二次世界大戦始まる（〜1945）	1940	日独伊三国同盟
		1941	ドイツがソ連に宣戦		
			大西洋憲章		
			太平洋戦争が始まる（〜1945）		
	ハイエク・隷属への道（1944）	1943	イタリア降伏し，ファシスト党解体	1943	学徒出陣
	ノイマン＆モルゲンシュテルン・ゲーム理論と経済行動（1944）		カイロ会談	1944	学童疎開
		1945	ヤルタ会談	1945	東京大空襲
			ドイツが無条件降伏		広島・長崎に原爆投下
			ポツダム会談		
			日本がポツダム宣言を受諾		
			国際連合憲章成立		
1946	ウィリアム・ブライアン・アーサー生（第12章）	1946	インドシナ戦争（〜1954）	1946	天皇人間宣言　東京裁判開廷
1947	アンデルセン生（第12章）	1947	IMF発足	1947	日本国憲法施行

参考年表

		1948	イスラエル共和国成立		
		1949	ドイツが東西に分裂	1949	湯川秀樹がノーベル賞受賞
ナッシュ・n人ゲームにおける均衡点（1950）			中華人民共和国，成立．毛沢東が主席に		
			中国国民政府が台湾に移る		
			インドネシア共和国が成立		
		1950	朝鮮戦争	1950	警察予備隊が発足
		1951	ヨーロッパ石炭鉄鋼共同体条約	1951	サンフランシスコ平和条約／日米安保条約調印
	1953 ポール・クルーグマン生（第11章）	1953	エジプト共和国が成立		
			朝鮮休戦協定		
		1954	ジュネーブ会議	1954	自衛隊発足
		1955	バンドン（アジア・アフリカ）会議	1955	神武景気
		1956	スエズ戦争	1956	ソ連と国交回復　国際連合加盟
ハイエク・自由の条件（1960）		1959	中印紛争	1959	伊勢湾台風
フリードマン・資本主義と自由（共著・1962）		1960		1960	日米新安保条約・新行政協定調印
		1962	キューバ危機		
		1963	米・英・ソが部分的核実験停止条約に調印	1963	ガット11国に移行
			アメリカ大統領ケネディ暗殺	1964	東京オリンピック
		1965	アメリカが北ベトナム爆撃開始	1965	日韓基本条約調印
		1966	中国で文化大革命	1966	いざなぎ景気
		1967	第三次中東戦争	1967	四日市ぜんそく訴訟
		1969	アメリカのアポロ11号が月面着陸	1968	GNP世界第二位に
		1970	核拡散防止条約，発効	1970	日本万国博覧会開幕
		1971	ニクソン，ドル防衛策発表（ドル＝ショック）		
		1972	ニクソン訪中，共同声明発表	1972	札幌オリンピック　沖縄返還
			ウォーターゲート事件		
ハイエク・法と立法と自由（1973-1979）		1973	第四次中東戦争	1973	第一次オイルショック
			チリ・ピノチェト政権（〜1990）		
		1975	ベトナム戦争が終結	1976	ロッキード事件
		1978	キャンプ＝デーヴィット合意	1978	日中平和友好条約調印
ハイエク・貨幣の非国有化論（1979）		1979	ソ連，アフガニスタン侵攻	1979	第二次オイルショック
			米中国交が正式に樹立．米，台湾と断交		
フリードマン・選択の自由（共著・1980）		1980	イラン・イラク戦争		
		1986	ソ連のチェルノブイリ原発事故	1981	乗用車対米輸出自主規制合意
		1987	米・ソがIMF全廃条約に調印	1985	男女雇用機会均等法成立
		1988	イラン・イラク戦争停戦	1988	リクルート事件
		1989	天安門事件　ベルリンの壁崩壊	1989	平成に改元　消費税はじまる
			マルタで米ソ首脳会談，冷戦終結宣言		
		1990	東西ドイツが統合	1990	バブル経済崩壊はじまる
		1991	湾岸戦争	1992	自衛隊カンボジア派遣
			ソ連邦，解体	1993	金融制度改革法施行
		1992	マーストリヒト条約，調印		
		1997	香港が中国に返還される	1995	阪神・淡路大震災
		2001	アメリカ同時多発テロ	2001	日銀量的緩和政策へ
		2003	イラク戦争	2002	日本・北朝鮮，初の首脳会談

第1章

ジョン・ロック
：私的所有権の起源

学習のポイント

- 私的所有権は，良きにつけ悪しきにつけわれわれの市場社会の根本をなす制度である。この制度が17世紀のイギリスで確立したことの意味を考える。
- ロックの時代は産業革命へとつながる様々な条件が整っていった時代である。特にこの時期のイギリスの経済・政治史とのつながりの中でロックの自由論を考えてみよう。
- ロックの国家論はしばしば「夜警国家」と呼ばれ，何もしない政府の代名詞のように語られることがある。だが，自由の問題を考えるときに大切なことは，「何からの自由か」ということである。ロックが人々と国家の関わり方を考えた理由を理解することで，自分が「自由」という言葉に対して持っている漠然とした感覚を考え直してみよう。

1.1　ジョン・ロックの生涯

　イングランドの哲学者，政治学者であるジョン・ロック（John Locke, 図 1.1）が生きた時代のイギリスは，まさに市民革命のさなかであった。ロックの人生は，1641 年から 49 年まで続いた清教徒（ピューリタン）革命，と 1688 年から 1689 年にかけて起きた名誉革命をちょうど含んでいる。ロックの父は，清教徒革命の主導者であったオリバー・クロムウェル（Oliver Cromwell, 1599-1658 年）が率いた議会派の騎兵隊長であった。その意味で，ロックは市民革命と寄り添いながら時代を生きたといってよい。

　ロックはサマーセット州リンドンで，弁護士の息子として 1632 年に生まれた。1652 年オックスフォード大学に進学し，クライスト・チャーチカレッジで，政治・宗教を学ぶ。シャフツベリ伯爵アントニー・クーパー（Anthony Ashley-Cooper, 1st Earl of Shaftesbury）の庇護の下，王権の抑制と自由貿易論などを展開する。スチュアート朝が復活すると，1682 年，失脚したシャフツベリ伯爵と共にオランダに亡命する。しかし，名誉革命が起きると 1689 年に帰国し，代表作『統治二論』（*Two Treatises of Government*, 1689 年），『人間知性論』（*An Essay concerning Human Understanding*, 1690 年）を発表する。

　この経歴を見ればわかるように，ロック自身が，市民革命で王権と戦ったジェントリの一員であった。したがって，彼の主張は，市民革命期の前から急速に台頭し，革命以降は実権を握りその後の産業革命を主導した大ジェントリと呼ばれる人々の利害を強く反映したものであった。だが，そこに記された内容が，個人と国家の関係について本質的なものを多く含んでいたからこそ後世にまで語り継がれることとなったのである。ロックは，1704 年にエセックス州オーツにて死去した。

　経済学は，基本的に産業革命以降に誕生した資本主義社会を分析するための学問である。にも関わらず，17 世紀の産業革命以前の時代から話を始めるのは，このロックの生きた時代が産業革命の準備期間であり，

図 1.1　ジョン・ロック
（1632-1704 年）

ロックの擁護した**財産権**が市場社会の基礎だからである。

1.2　ロックの時代

▶ ジェントリの台頭

　中世ヨーロッパの経済基盤は農業である。フランスのような大国だけでなく，イングランドのような土地がやせた地域でも，農業は最重要産業であり，農地を多く所有する者すなわち地主が基本的に権力も握った。地主の最たる者が，王族，貴族である。彼らは広大な農地を所有し，農奴と呼ばれる農民に貸し付け小作料を取ることで収入を得た。農奴は，土地を離れて移動する自由がなく，しばしば農地と一緒に売却された。

　しかし，農奴の中には蓄財し，自らの自由と土地を買い取る者も現れた。これが自由農民（ヨーマン）である。また貴族ではないが，地方の有力者や，ヨーマンの中でもさらに力をつけた人々は，貴族に次ぐほどの農地を手に入れ，また中には貴族に仕えて主人と共に戦争に出る者もいた。そういった人々は，**ジェントリ**と呼ばれる新しい階級を形成した。

　当時のイングランド農業には，特有の問題があった。イギリスは，イングランドからスコットランドに至るまで，ローマ時代から開拓の手が

入り，山の木々は燃料としてほぼ全土で切り倒されてしまっていた。そのため，元々豊かではなかった土壌がさらに流出し，当時の技術水準の下では，本格的な農業をするために適した土地が限られていた。そのため，農村では羊が飼育され，羊毛を製造してそれを売却することがイギリスの主要な産業であった。イングランドのヨークシャーは羊毛工業で栄えた地域である。

ところが，16世紀に入ってインドとの航路が開けると，綿花が輸入されるようになった。綿花は羊毛に比べると，軽量で量産がききやすい。その結果，次第に羊毛工業は綿工業に取って代わられることになる。綿花自体はイングランド国内では生産されず，基本的にはアジアから輸入された。貿易商人たちは，綿花を中心としたアジア・アフリカとの貿易で莫大な富を蓄える。その中には，土地を買い入れジェントリとなる者もいた。貴族に比べて，ジェントリは流動性が高く，また地主でありながらも商業活動に熱心であり，17世紀になると，その一部は商業を通じて旧態依然とした王族・貴族よりも力を持ち始めたのである。

経済力を手に入れたジェントリたちはそれを背景として，政治力も持つようになる。彼らは貴族と共に議会を構成し，王権に対抗するようになる。彼らは王から課せられる税金や度重なる兵役に抵抗した。その結果として，生じたのが清教徒革命である。

▶ 清教徒革命とジェントリ

清教徒革命は，基本的にはイギリスにおけるプロテスタントどうしの戦いである。1534年にヘンリー8世（Henry Ⅷ，在位1509-1547年）の下で成立した英国国教会は当初こそプロテスタントではなかったが，国王が改宗し，ローマ教会と袂を分かったことで，ヨーロッパ各地からプロテスタントがイングランドに流入する。紆余曲折を経てエリザベス1世（Elizabeth Ⅰ，在位1558-1603年）の下でよりプロテスタント色の強い英国国教会が確立することとなる。清教徒革命は，国教会とピューリタンの対立の激化の末，起きたものであった。

国教会は，国王を頂点として成立する宗派である。ピューリタンにと

って，国教会と対立するということは，すなわち国王と闘うことを意味した。ゆえに，清教徒革命は国王の処刑によって完成したのである。ジェントリのすべてがピューリタンではなかったが，台頭したジェントリにとって国教会を背景に従属を強いる国王はいずれにしろ障害でしかなかった。ジェントリの多くが清教徒革命において，議会派の中核となったのは，ジェントリとピューリタンが国王の排除という点で一致していたからであった。

1.3 ロックの3権

　国王と対立した議会派にとって，解決しておかなければならない難題があった。キリスト教社会において，国王の権力は神によって与えられたものであるという事実である。カトリックではローマ教会が王に権利を与え，英国国教会においては王自らが信仰の擁護者を名乗った。いわゆる王権神授説である。

　キリスト教が絶対的な意味を持った中世ヨーロッパにおいて，王権神授は抗いがたい教理であった。王権神授自体は，『新約聖書』の中の「ローマ信徒への手紙」の一節の拡大解釈によるものであり，宗教的根拠はあまり強いものではない。だが，教会がそれを支持している以上，揺るがしがたい意味を持っていた。国王から奴隷まで，ローマ教皇から破門されることは，通常の世界から放逐され，魂の救済がないことを意味したからである。

　したがって，議会派はキリスト教に基づいて，王権を否定し，自分たちの権利を擁護しなければならなかった。そのために当時もっとも有効だったのが，『統治二論』の中で展開されたロックの理論であった（図1.2）。ロックの権利思想は基本的に王＝国家に対抗するものとして生まれてきたものである。

　ロックは，まず『新訳聖書』の中でももっとも解釈の余地のない神による世界の創造から始める。この世に生きるあらゆるものは全知全能た

1 ジョン・ロック

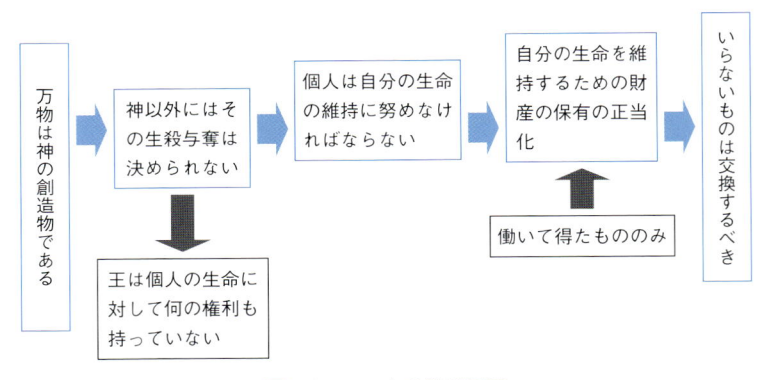

```
万物は神の創造物である → 神以外にはその生殺与奪は決められない → 個人は自分の生命の維持に努めなければならない → 自分の生命を維持するための財産の保有の正当化 → いらないものは交換するべき
                    ↓                                                                              ↑
                王は個人の生命に対して何の権利も持っていない                                          働いて得たもののみ
```

図1.2 ロックの論理展開

る神の被造物であり，それは人であっても例外ではない。神の被造物である以上，神以外にその生命を自由にして良い者は存在しない。これは国王であっても例外ではない。このようにロックはまず**生命権の不可侵性**を主張する。

　神の被造物である人は，当然その生命の維持にあらゆる努力を払わなければならない。したがって，生命の維持のために不可欠な財産の所有は肯定されなければならない。これが**財産権の保証**である。ただし，ロックは，財産権が認められるのは，自分で働いて得たもののうち，自分の生命の維持のために必要な分だけであると考えた。しかし，熱心に働いた結果，製品などが余ってしまうことがある。この場合，それを放置することはやはり神の恩賜を無駄にすることになる。したがって，余ったものは必要とする人と積極的に交換すべきである。ここから交換の媒体としての貨幣を一時的に蓄えることも認められる。

　このように財産と人の生命・身体が他者から拘束されないことをうたったのが**自由権**である。これら**生命**，**財産**，**自由**という3つの権利を**ロックの3権**と呼ぶ。これに加えて，これらの権利が侵害されたときに，これを処罰する権利である**執行権**を人は持つとする。すべての人はこれらの権利を生まれながらにして持っているという点で平等である。

これらの権利のうち，経済的にもっとも重要な権利が，**財産権**である。これはいわゆる**私的所有権**であり，市場社会における交換の基本となるものであった。なぜなら交換が可能なのは，ある人の持っている財を他の人が強奪したり，盗んだりすることが禁じられているからである。当事者間の合意によってのみ，それぞれの財が引き渡されることが保証されて初めて機能する。言い換えれば，私的所有権が確立されることによって，市場にルールが生まれる。

このようにして，ロックは王権から生命権や財産権，自由権を王権から奪取した人々に理論的な根拠を与えた。特に財産権の確保は，後に見るように資本主義社会の根幹の確立のために必須であった。現代に至るまで資本主義の支持者，批判者が財産権のあり方を巡って論争を続けているのはこのためである。

1.4　社会契約としての国家

国家＝国王による干渉を制限するロックだが，国家なくして社会秩序が保てるとも考えていなかった。それでは，どのような国家であれば，ロックの主張する権利と両立が可能なのか。ロックは，国民の信託から独立しては存在しえないルールの必要性を説いた。つまり，国家に対して自己保存権と執行権の一部を譲り渡すことで，個人では守り切れないような権利の侵害から自己の権利を保護する契約を交わす。これを**社会契約**という。社会契約の結果として成立するものは，他国からの侵略に対する防衛，犯罪の防止，裁判などが含まれる。

社会契約によって，権利の一部を譲り渡したとしても，国家の支配を無条件で受け入れたわけではない。特に国家はしばしば腐敗し，契約を超えて人々の権利を侵害する。そのような場合，生命や財産を守るために合法的に抵抗する権利，**抵抗権**と，政府を倒して作り直す権利，**革命権**を国民は保持しているというのがロックの主張である。これはロックの属するジェントリ階級自体が，清教徒革命と名誉革命で国家を打倒

7

し，権力を奪取したことを反映している。

ロックの社会契約論はしばしば「夜警国家」と揶揄されるが，これは19世紀になって社会主義者たちが行ったものであり，ロックの抵抗の対象が王権であり，国家権力の制限を課題としていたことを考えれば，この呼び方が的外れであることがわかるだろう。

いずれにしても，ロックの権利は，生得的に所有しているものであるが，個々人はそれを維持するために全力をかけることを要求する。そもそも権利は国家のような人為的な産物によって付与されたものではないので，それを制限しようとする権力と戦うことは，神によって決められた義務なのである。国家は社会契約によって，その存在の根拠を与えられているに過ぎず，国家が権利を侵すようなことがあれば，それに抵抗するのは，人々の権利であり，義務でもある。

ロックの権利概念は，国家に保証されるものではなく，国家が存在する根拠である。人々の権利を守るための装置としてのみ国家は存在を許され，逆に権利を侵害するようなことがあれば，存在根拠を失い排除される。ロックの主張の中には，明確に国家の力を制限することが意図されており，特に自然権に対する干渉は，社会契約に基づいた最低限のものでなければならない。したがって，当然国家の役割は最小限のものとなる。ロックの議論は，市民革命期という既存の国家と対峙した時期に生まれたものであり，「夜警国家」はその意味で首尾一貫した結論なのである。

1.5 階級闘争の時代

ロックの権利概念は，生まれながらにしてすべての人々が持っているという意味で自然権と呼ばれる。他方で，それはロックの思想は平等主義であることを意味しない。ロック自身が，市民革命を共に戦いながら，彼が「道徳的に劣る」と見なしていた中小ジェントリや自由農民たちを彼の属した大ジェントリと対等であるとは考えていなかった。抵抗権や

革命権に象徴されるように，人々は権利の侵害に対して抵抗する権利を持つが，これは同時に義務でもある。なぜなら，権利が神から与えられた生命を守るためのものであるならば，これを行使することは神から与えられた使命だからである。

権利は，万民に平等に与えられているとしながら，他方では，権利獲得・保護のために戦う人々のみに認められる。つまり，ロックの議論は，キリスト教を背景としながらも，自らの手による権利獲得闘争を正当化するためのものである。逆に言うと，自ら戦って勝利したものに対してのみ権利は保証されると見ることもできる。

イギリスの歴史において，権利は常に上位階級との闘争の結果，勝ち取られてきたものであった。しかし，実際の権利獲得は一筋縄ではいかず，その後も紆余曲折を経ることになる。イギリスでも，参政権はすべての人々に同時に保証されず，ロックの時代から250年ほどかけて徐々に広まった。また，労働基本権や団結権のように，認められた後でも常に政府から抑制をされ続けた権利もある。イギリスは，あらゆる権利の獲得の先駆けとなるが，それゆえにその権利は常に不完全なものであり，完成に向けて長い年月をかけた闘争が引き続くのである。しかし，反面，この歴史的事実がイギリス人に対して権利は，自らが戦うことで獲得するものという意識を根強く植え付けた。

この問題は，人権意識が，基本的に「輸入品」であり，ほとんどの国民が権利獲得のために戦った経験がない日本では見過ごされがちな点である。権利概念は，「すべての人々が生まれながらにして持つ権利」として日本に導入される。しかし，獲得のための歴史を欠いているため，権利とともにすべての人々が権利の獲得と保護のために戦う義務があることがしばしば忘れ去られるのである。

1.6 まとめ

ロックの議論は，政治哲学であり経済学ではない。だが，財産権とい

う市場経済の基礎に関わる最初の理論を確立したという点で，経済学の源流と考えることもできる。市場経済は，人から盗んだり強奪したりすることがルールとして禁止されているからこそ成立するものであり，後のすべての経済学が，「交換」を前提に議論が可能なのは，産業革命期にはそれを前提にすることが当たり前になり得ていたからである。

　財産権の確立は，次の補論に見る資金供給の様々な制度の確立，農業革命による人口の増加，そして技術革新と結びついて，産業革命という人類の生産性の急激な上昇を可能にした。財産権が資本主義の根幹であったからこそ，後の資本主義の批判者たちは財産権の否定を目標に定めたのである。ロックによる自然権の理論的確立は，近代民主主義の出発と資本主義の起源の両方の象徴だったのである。

【さらなる学習のために】

松下圭一『ロック「市民政府論を読む」』，岩波ブックセンター，1987年。
　ロックに関しては，研究書であれば日本語で利用可能なものが何冊か挙げられるが，経済学史の初学者にはいずれもハードルが高すぎる。この書はやや古い本だが，一般向けに書かれているため比較的わかりやすい。

Dunn, J.（1984）*Locke*,（Oxford:Oxford University Press）.（ジョン・ダン著，加藤節訳『ジョン・ロック――信仰・哲学・政治』，岩波書店，1987年。）
　世界的にも有名なロック研究者による，わかりやすい解説書。古い書籍なので入手が難しいのが問題である。

補論　なぜ最初にイギリスで産業革命が起こったのか？

　なぜ，イギリスで世界で最初に産業革命が起こったのか。人類史上，何度も起きた技術革新はなぜ18-19世紀のような社会の発展をもたらさなかったのだろうか。その理由は，産業革命が，単なる技術革新ではなく，資本主義という市場経済にもっとも適した経済システムを生んだことにある。

　一般的に18世紀末にイギリスで始まった産業革命の条件は，近代的金融システムの誕生，農業革命による人口の増加と都市部への人口集中，私的所有権の確立，航海技術の発達による世界貿易体制の確立，宗教的意識の変化による経済に対する風潮の変化，技術革新による新エネルギーの誕生などが挙げられる。

　この中で特にロックの生きた時代に起きたのが，近代的金融システムの誕生である。具体的には，近代的銀行制度，株式会社，そして近代的損害保険制度である。

(1) 近代的銀行制度

　銀行制度の歴史は古く，古代バビロニアにまでさかのぼると言われる。だが，その多くがいわゆる「高利貸」であり，自分の資産の一部を他人に貸し出すものであった。また，16世紀のイタリアに登場した高利貸は取引の際に使われるBanco（机）から派生してバンコと呼ばれ，現在の英語のBank（銀行）の語源にもなっている。

　ところが17世紀中盤にイギリスで登場した銀行制度はそれまでのものとは異なっていた。ロンドンでは，多くの商人たちが貿易で得た資産の多くを金の形で，職業上頑丈な金庫を持つ金細工師（goldsmith）に預けていた。金細工師は預かった資産に対して預かり証を発行し，商人たちは支払いが生じると預かり証を持って金細工師のところにいって，金をいちいち引き出していた。だが，同じ金庫に金を持つ商人どうしであれば，取引のたびに金を引き出すのではなく，預かり証を商人間で引き渡せばいいことに気がついた。そうすれば，資産の持ち出しの手間と

それに伴う危険性が回避できる。その結果，預かり証は，貨幣と同じ役割を果たすようになる。これが銀行券の誕生である。

　金細工師は，預かり証を発行すると同時に，誰がどれだけ金を預けているかを帳簿に記録した。ところが，今度は同じ金細工師に資産を預けている商人どうしであれば，その帳簿の中の記述を書き換えれば，銀行券すら介さずに取引の支払いができることになる。金よりはましであるとはいえ，銀行券でも破損や盗難の危険があることを考えれば，この帳簿上で取引が完結することは，特に遠隔地との貿易を行う商人にとっては都合がよかった。いわゆる口座取引の誕生である。この口座取引自体は12世紀にはイタリアで登場していたが，イギリスではさらに大きな発展をする。

　口座取引が普及すると，金細工師に預けられている金の量が，常に一定以上あるようになった。つまり，すべての預金者が一斉に預けている金を引き出さない限り，金細工師の手元には金が一定量残ることになる。この額は預金者が多くなればなるほど大きくなる。

　これに目を付けた金細工師は，その一部を貸し出し始めたのである。それも口座取引にしてしまえば，やはり平均して一定以上の金が金細工師の下にとどまり続ける。これを何度も繰り返すことによって，金細工師は自己資金を一切用いずに莫大な利子収入を得ることができた。これが，信用創造である。

　信用創造を用いれば，従来型の高利貸と比べるとはるかに巨額の資金を貸し出すことができる。これは，金細工師（銀行）だけでなく，資金を借りて事業を興そうとする人々に大きな恩恵をもたらした。これまでよりも多くの人がより多くの金額を銀行から借りることができる。このシステムの普及は，大規模投資を可能にし，事業規模をそれまでとは比較にならないところまで拡大することを可能にしたのである。

(2)　株式会社制度

　世界初の株式会社は，1602年に設立されたオランダの東インド会社であると言われている。これは，それまでの事業に対する資金の共同出

資ではなく，事業の主体である会社の所有権を分割し，それを購入することで，事業主としての報酬，すなわち利潤から持ち株比率に応じた配当を得る権利を有するところに特徴を持つ。これにより，各株主は，1人で企業すべてを所有する必要がなく，自分の財政状況に応じて会社の所有権を部分購入できることになった。また，もし企業が倒産した場合でも，原則自分の所有権の範囲でのみ責任を取ればいいので，比較的低いリスクで企業を所有することができる。逆に，株式を購入するハードルが低いため，それまでよりも多くの人々が企業を所有し事業を行うことができるようになった。それでは大資産家や国家のみが大規模事業を行いえたのに対して，株式会社制度が発明されてからは，一人ひとりの出資額は小さくとも合計で膨大な額の投資が可能となったのである。

(3) 近代的損害保険制度

損害保険制度は古くはフィニキア人にまでさかのぼることができ，13世紀にはイタリアで同業組合による保険が存在した。しかし，17世紀にイギリスで生まれた近代的損害保険制度は，それまでとは異なる性格を持った。

17世紀末，イギリス・ロンドンのハドソン川沿いの港には，海外貿易に携わる多くの船が入港し，周辺の街は貿易商人や船乗り，投資家に加え，彼らを対象とした商売を営む人々でごった返していた。そのような人々が集まって，商談をしたり情報交換をしたりするカフェが，ハドソン川沿岸には建ち並んでいた。その中の一軒であったロイズ・コーヒー店（Lloyd's Coffee House）は，客寄せのためのアイディアとして，港に入っている商船の情報をパンフレットにして店内で見せていた。このロイズレター（後にロイズニュースに改名）と呼ばれたパンフレットは大当たりし，ロイズ・コーヒー店は多くの貿易関係者の集まる場所となった。そこに集まった関係者の間で始まったのが，多くの人々が共同で資金を蓄え，事故が起きた場合にはそこから損失を補填するしくみ，すなわち損害保険の設立である。

ロイズにおける保険は成長したが，ルール整備が不十分な初期の保険

は不正の温床ともなり最初のロイズは結局解散している。その後，常連客がロイズ・コーヒー店の元従業員を雇って新ロイズを設立，世界最初の近代損害保険会社として現代まで存続している。現在ロイズは世界最大の保険会社であるが，特徴的なのは，創業以来ロイズ社自身が保険を売ることはなく，あくまで保険取引の場を提供しているだけであるという点である。ロイズ社の行っているのは，保険をかけたいと思っている人と保険を引き受けたいと考えている人の間の斡旋と保険に関する調査が主である。これは，最初のロイズにおける保険があくまで客が始めたものであり，ロイズ・コーヒー店は場所と情報を提供していただけであったという伝統を引き継いでいる。

　このように，ロックの生きた時代は，現代まで続く3つの金融制度が出そろった時期であった。この3つの制度が重要だったのは，巨額の資金を用意することで，技術革新によって生まれた新しい生産方法と農業革命によって増加した労働者を結びつけることを可能にするシステムだったからである。大量の資金，すなわち資本を用意することで，それに基づいて生産を行い，成長していく社会，すなわち資本主義社会の誕生を促したのがこれらの金融制度であった。大量に投じられた資金はやがて人々の所得となり，人々の消費への欲望を刺激する。それに見合うだけの生産のための資本がまた集められ投じられていく。18世紀にイギリスで世界最初の産業革命が起きたのは，資本に関する条件が他に先駆けて整備されたからであった。

第2章

アダム・スミス
：市場社会の基礎理論

学習のポイント

- 「利己心」はスミスの議論を理解するためのキーワードである。スミスが、社会において「利己心」がどのような意味を持つと考えていたのかを正しく理解する。
- ロックと並んで「自由放任主義」のレッテルを貼られることの多いスミスだが、彼がなぜ政府の経済に対する干渉を拒否したのかを考える。
- なぜスミスの主要著作が『国富論』(An Inquiry into the Nature and Causes of the Wealth of Nations) と題されたのか理解する。

2.1 アダム・スミスの生涯

経済学の開祖の一人として知られるアダム・スミス（Adam Smith,図 2.1）は 1723 年スコットランド・カーコディに生まれた。14 歳でグラスゴー大学に入学し，フランシス・ハチソン（Francis Hutcheson 1694-1746年）に師事する。1740年にオックスフォード大学に入学するが，旧態依然としたジャコバイト（反革命派）が支配する学風に嫌気がさして退学。エジンバラでの公開講義の後，1751 年にグラスゴー大学教授として就任する。1759 年に刊行された『道徳情操論』（*The Theory of Moral Sentiments*）は，同大学の講義録である。1760 年，政治家チャールズ・タウンゼントの推薦により，バクルー候ヘンリー・スコットの家庭教師として彼の旅行に同行してフランスに渡り，ジャック・テュルゴー（Anne-Robert-Jacques Turgot），重農主義者のフランソワ・ケネー（François Quesnay, 図 2.5 参照）らと交わる。1766 年にグラスゴーに戻る。グラスゴー大学で教鞭を執る傍ら，1776 年に『国富論』（*An Inquiry into the Nature and Causes of the Wealth of Nations*）を発表し，彼の名前を不動のものにした。しかし，この『国富論』ですら，『道徳情操論』の中で予告された「法と統治の一般的原理」の一部でしかなかった。だが，彼の遺稿は，死後遺言に従って焼却されたため，その全貌は長らく明らかではなかった。ただ，1978 年になって，彼のグラスゴー大学の講義のときに受講生がとったノートが公開されている。

1778 年にはエジンバラの税関委員に就任，1787 年にはグラスゴー大学の名誉学長に選ばれる。1790 年にエジンバラで没した。

2.2 スミスの時代のイギリス

18 世紀に入ると，ノーフォーク式農業を初めとする農業技術の革新が起こり，農業生産性が急上昇した。それが，イギリスでは人口増加を

図 2.1　**アダム・スミス**
（1723-1790 年）

2.2 スミスの時代のイギリス

生み出す。1700 年に 510 万人と推定されるイングランドとウェールズの人口は，1750 年までに約 600 万人，次の 50 年間では 900 万人，1851 年までには 1,800 万人に達した。しかし，土地の制約のある内陸部の農村だけではその増えた人口を維持することができなかった。その結果，人口の多くが付近の沿岸に近い都市かロンドンに移動することとなった。ロンドンやマンチェスター，グラスゴーといった海に流れ込む川沿いの都市部は貿易によって栄えつつあり，また綿工業を中心とした輸出産業が成長したため，これらの労働者を吸収することができたのである。

　十分な労働需要があったため，この時期のイギリスの労働者の賃金はヨーロッパの他の国々と比べて高水準にあり，それが活発な需要を生んだため，関連した産業もまた都市部で成長することになる。また，都市部での生活者が増加すると燃料需要も拡大するが，木材資源が希少なイギリスでは木炭が不足した。その代わりとして積極的に採掘されたのが石炭であった。産業革命直前，イギリスはヨーロッパでもっとも石炭価格の安い国だったのである。さらに都市部近郊に新たな農業地帯が形成され，都市住民の生活を支えた。

　これらの拡大する経済に対応して資金を供給するシステム（近代的銀行制度・株式会社・近代的損害保険）は既に 18 世紀初頭には整備されつつあり，そこで集められた資金を用いて労働者を多く雇って生産する

工場制手工業が誕生する。さらに，1756 年から続いた 7 年戦争の結果，イギリスはアジアや北米の海外植民地獲得競争での主導権を完全に掌握し，原材料の供給地と市場を確保した。貿易によって蓄積された資金は新たな投資先を探し求めている状態であった。

　工場での生産は，生産性の向上を追求し，技術革新を促す。大型化した機械は人力で動かすには限界があり，当初は水力や風力を用いていたが，やがて蒸気機関が新しい動力として登場する。ニューコメン（Thomas Newcomen，1664-1729 年）が最初の実用的な蒸気機関を開発したとき，設備が巨大であったため鉱山における排水用としてしか用途がなかったが，ワット（James Watt，1736-1819 年）が高効率化，小型化に加えて回転機関への改良を行い，輸送用エンジン等への広範な可能性が広がった。ワットがグラスゴー大学の構内で，ボイラー技士兼技術士として働き始めたのは，アダム・スミスの勧めでもある。

　ただし，蒸気機関の登場が産業革命を推し進めたというより，産業革命の中での大量生産における技術的必要性から蒸気機関が登場し，それが改良されることで，産業革命を支え，それによりさらに改良が進むという関係であると考えた方がよい。イギリスで，この時期に産業革命が起こったのは技術革新によるよりも，貿易や金融，労働供給などの経済的条件が整ったからである。実際，ワットも，スポンサーで経営者のマシュー・ボールトン（Matthew Boulton，1728-1809 年）の協力を得るまでは，蒸気機関を事業化することに成功していない。

　石炭の利用がイギリスの成長に大きく貢献したのは，特に製鉄業においてであった。揚水用の蒸気機関が当初，鉱山で試用されていたことをみればわかるようにイギリス国内で産出される鉄鉱石，石炭採掘は，18 世紀になるとイギリスの重要な産業として成長し始める。18 世紀中盤に製鉄法の技術革新を経て，1900 年前後には高品位で廉価な製品を大量に供給できるようになる。これにはイギリスの廉価な石炭が大いに貢献していた。イギリスの製鉄技術の進展は，他の工業製品でも有利に働いた。

　「産業革命」の名前がしばしば誤解を生みやすいが，産業革命期の経

済成長率は，高いときで 2% 程度，平均すると 1.3% 程度でしかない。もちろん，それ以前の成長率と比べると 2 倍に達するが，イギリスの産業革命期は 80 年近くかけて進んだ上に，産業革命期以前から交通や農業などで革新が起こっていたことを考慮すると，100 年以上の時間をかけて進んだ「革命」なのである。それは 20 世紀に新興国で見られた年 10% を超える経済成長のような急激な変化でなかったことは注意が必要である。

また，イギリスの産業革命において，貿易が重要であることは確かであるが，商品輸出入だけに限って言えば，実質的に貿易は経済成長に貢献していない。産業革命期のイギリスの経済成長は主に内需の拡大によるものが大きいことも注意が必要である。

2.3 アダム・スミスの道徳哲学

スミスの『国富論』は，現代に続く経済学の最初の一歩といってよい。だが，スミス自身は，「経済学者」ではなく，道徳哲学と呼ばれた分野の研究者であった。道徳哲学の目的の一つは，簡単に言えば，人の社会的行動の規範とその根拠を見いだすことにあった。

ロックの章でも触れたように，スミスが生まれる少し前の時代，ヨーロッパはキリスト教の支配下にあった。その支配は，精神のみならず，法律や慣習，自然現象，物理法則にまで及んだ。その世界では，人は『聖書』の記述を絶対的な真実と見なして，様々な規範を考えればよかった。これらの真理は神の創造物であり，人はそれを発見することができるだけである。ロックだけでなく，アイザック・ニュートン（Isaac Newton，1642-1727 年）のような数学者・物理学者もまた自らの研究を，神の真理の発見と考えていた。

さらに，17 世紀中盤の啓蒙思想期になると状況は変化し始める。フランスの，ドゥニ・ディドロ（Denis Diderot，1713-1784 年）とジャン・ダランベール（Jean Le Rond d'Alembert，1717-1783 年）による

『百科全書』編纂は，この世に存在するものすべてを詳細に観察，記述しようとする試みであり，スウェーデンの博物学者カール・リンネ（Carl von Linné，1707-1778年）は，この世の生物をすべて分類分けしようとした。彼らの試みは，神の創り出した世界を人間の理性の手ですべて記述し，理解しようとする18世紀の大きな流れだったのである。しかし，その流れは，19世紀になると科学を宗教から独立した1つの分野として成立させることになる。

同時期のスコットランドではさらに進んでいた。デヴィッド・ヒューム（David Hume，1711-1776年）は，従来のキリスト教神学を批判し，神や天使のイメージの多くが，人が作り上げた観念の集合でしかないことを指摘する。つまり，物理世界だけでなく精神世界ですら，キリスト教のくびきから開放された思想へとつながる議論の始まりである。

18世紀において，キリスト教と決別するということは，文字通り世界の根幹をすべて捨て去ることを意味した。中世までヨーロッパ社会では，キリスト教は物の理，人の世の理を教えるものであったからである。科学が，キリスト教に取って代わり自然の法則を説明したように，社会も宗教に取って代わる説明が必要だったのである。

神の存在に依拠することなく，道徳の根拠を説けるか。これがアダム・スミスが取り組んだ問題であった。この問題が難しかったのは，人が神のように全能ではないからである。人は，他者の頭の中を覗くことができない。たとえ向かい合って話していても，自分の頭の中でイメージしていることが，相手の頭の中に正しく再現されているかどうかを直接確認する方法はない。この本質的な認識の限界は，自分と他者の間に同じ意識の共有を考える場合に考慮しなければならない障壁である。この断絶があるからこそ，人は自らの心の中のことしかわからない。ゆえに，人は自分の心の中の状態が改善する（不安が解消する）ように行動するしかない。スミスは，人々の行動原理となる，この心の状態を**利己心**（self-interest）と呼んだ。

しばしば，誤解されているがスミスの利己心は，人々が己の欲望に基づいて勝手気ままに行動することを是認している議論ではない。それは

人が本質的に他者と完全なコミュニケーションができないからこそ、自分の心の声に従うと述べたものなのである。

次に、スミスは、道徳的に正しい行為について考えた。まず、AからBへの行為を観察したとき、Aの行為がBのためになっていると見なせる場合は、Aの行為は正しいといえる。ところが、これはこの行為を観察している第3者の視点からの判断である。ここでスミスが重視するのが人が持つ共感（sympathy）の能力が重要となる。スミスは、人は、他者の頭の中を覗くことはできないが、他人の感情を我がことのように感じることができる力を持っていると考える。たとえば、我が子を失った母親の悲しみは、たとえそれを経験したことのない人でも自分の心のうちで感じることができる。AからBへの行為の観察者は、双方の感情を共感できるからこそ、その善悪を判断できる。AはBに対する行為を、善意から行ったとしても、それが必ずしもBに喜ばれるとはかぎらない。2者間の関係では、Aの行為の善し悪しが判断できないからこそ第3者の視点が必要なのである。

だが、第3者がいないとき、行為の善悪の判定はどうすべきか。あるいは、人はどのように振る舞えば、その行為が道徳的に正しいといえるのか。この場合、スミスは、Aは、自分の中に「うちなる第3者」を持つべし、という。つまり、自らの中に、自分の行為を冷静に見つめる第3者を想定し、公平な視点から自らなそうとしている行為を評価するのである。このようにして、人は自らの内部に道徳を判断する能力を持つことになる。

しかし、スミスはこのような能力を生得的なものとは考えなかったし、この能力を獲得するためには適切な教育が重要であると考えていた。逆に、道徳教育を受けないものが多いと社会のためにもならない。なぜなら労働者を勤勉ならしめるのは、高賃金と道徳心だからである。労働者が勤勉であれば、生産性も上がるのでそれはひいては国力増大にもつながる。実際、当時の労働者の生活は、現在と比べるととても勤勉と言えるものではなく、多くの場合、午後になると強い酒を飲みふけり、そのまま泥酔し、また貧困と無教養ゆえに、自らの境遇から抜け出せない者

図 2.2 "Gin Lane"(「ジン横町」) と"Beer Street"(「ビール通り」)

ウィリアム・ホガース（William Hogarth, 1697-1764年）画（ともに1751年）。ホガースは18世紀のイギリスの風刺画家。（左）昼間からジンを飲んで酔いつぶれ道徳的にも退廃し困窮している従来の下町と労働者と（右）新しい時代への希望に満ちあふれ，活気がある商人たちの姿を描いたもの。

が多かった（図 2.2 左 "Gin Lane"）。傷病者や失業者を別とすると，このような低賃金労働者のモラルの低さの問題は，スミスのみならず多くの当時の論者が採り上げていることを考えれば理解できるだろう。そして，そのような論者の一部は，救貧院などの劣悪な施設の中で貧困者をただ閉じ込めておくだけの政策が，結局労働者の道徳的改善につながらず，国家のためにもならないことを指摘している。そして，スミスにとっても，また道徳の公教育化は国家が取り組むべき問題であったのである。

2.4 分業が生み出す成長

それでは，利己心に従って生きるしかない人々は，どのようにして社会を形成しているのだろうか。人と人の間に本質的なコミュニケーション障害がある場合，人々はどのように生産を可能にしているのだろうか。そこでスミスが注目したのが分業（division of labor）である。

スミスは，まずピンを作る町工場の情景を採り上げる。ピンを作るためには，針金を延ばし，それを切断し，磨いて先端を尖らせ，頭をつけるといったいくつかの工程が存在する。これを1人の労働者が行った場合，どれほど熟練していようとも1日20本を作ることもままならないだろう。ところがこれらの工程を10人の労働者で分業することで，1人当たり4,000本を上回るピンを作ることができる，としている。この工程において，各労働者は自分に与えられた作業のみを淡々とこなしたに過ぎない。ある労働者は，針金を延ばし，別の労働者はそれを磨き，さらに別のある者は頭をつけるという作業に没頭し，他の工程には注意を払っていない。にも関わらず，生産工程のすべてを1人で行った場合よりもはるかに多くの量を生産できることが分業の特徴である。

さて，これは一工場内の情景であるが，これが社会全体となるとどうだろうか。社会ではすべての人々が顔見知りではなく，全体を見通せる現場監督がいるわけでもない。社会の中で，分業を可能ならしめているのが，市場の存在である。市場に集まる人々は，それぞれ売りたいもの，買いたいものを心に抱いている。各人は，市場の中で自分が欲しいものを探して回り，それが見つかり価格が自分の予定にあえば購入すればよい。また，売り手は，市場の中に居座って客が回ってくるのを待ってもいいし，自ら商品を欲しいと思う人を探して回ってもいい。人々はあくまで自分の心の中を知るだけでよく，売り手と買い手の都合が一致すれば，売買が成立する。この場合，売り手，買い手はそれぞれの心の内を知る必要はなく，ただ公開された条件（価格と数量）のみがわかればいいのである。人は自らの中に交換性向を持っており，それによって少しでも自らの満足を満たそうとする。

市場を通じれば，人々は自分の都合に合わせて，欲しいものを売り買いできる。そして，市場を通じれば，ピン工場の例と同じように，1人で自給自足してすべてをまかなうより，はるかに簡単に多様で大量のものを手にすることができる。そして，この交換を円滑に進めるための手段が貨幣なのである。

これは国内市場だけでなく，国をまたがった市場，すなわち国際貿易

でも同じことである。相互の国々の取引を自由にし，自国の産業の成長だけに注力していれば，貿易の結果社会は成長する。

> 通例，個人は，公共の利益を促進しようとも意図してもいないし，自分がそれをどれだけ促進しつつあるのかを知ってもいない。外国産業の支持よりも国内産業のそれを選好することによって，彼は自分自身の安全だけを意図し，また，その生産物が最大価値をもちうるような仕方でこの産業を方向づけることによって，かれは自分自身の利得だけをいとしているわけなのであるが，しかもかれは，この場合でも，その他の多くのばあいと同じように，見えない手（an invisible hand）に導かれ，自分が全然意図してもみなかった目的を促進するようになるのである。（Smith, 1776：大内兵衛・松川七郎訳，第3巻，56頁）

スミスの有名な「見えない手」という言葉は，分業と市場交換に基づいた言葉である。スミスが住んだ当時のグラスゴーはランカシャーの綿工業を背景とした大貿易港であり，イギリスと世界をつないだ先端地域であった。だが，個人的な経験以上に重要だったのが，重商主義とその帰結に対する考察だった。

2.5 重商主義の教訓

スミスのみならず，古典派と呼ばれる経済学者たちの教訓となったのが，重商主義である。重商主義は国や提唱者によって違いがあるのだが，乱暴に言えば輸出と輸入の差額の蓄積を国富の源泉と見なし，その拡大を政策目標とする考え方である。特に重要な教訓を残したのはブルボン朝フランス国王ルイ14世（Louis XIV，在位1643-1715年）の時期に採られた重商主義政策であった。1664年にルイ14世の財務総監となったジャン=バティスト・コルベール（Jean-Baptiste Colbert, 1619-1683

年）は，「商業は，すべての国の間の，才気と精力とによる永久かつ平和的な一個の戦争である」という政策的信条を持っていた。彼の政策は，重商主義の中でも特に重金主義と呼ばれ，国内に蓄積された貨幣（金）の量を重視する政策であった。コルベールの政策は，

(1) 生産業者の積極的なギルド化
(2) 特権的商業マニュファクチュールの設立
(3) 産業規制
(4) 農産物の低価格化

の4つにまとめられる。つまり，生産業者には組合を結成させ，互いの技術交流を進めると同時に，過剰な価格競争を抑制し，輸出品の技術力を高めさせる。また特定の商人に特権を与え，関税を免除したり，外国人労働者の雇用を認める。さらに新規企業の参入を抑制する。規制はマニュファクチュールだけでなく，王国の繊維産業全体にまで及ぶ。また，輸入品には高い関税をかけて，国内から貨幣が持ち出されることを防いだ。さらに，労働者の賃金を抑制するため，農産物価格を意図的に引き下げる。コルベールは，これらを東西インド会社を初めとする勅許会社の設立とあわせて，政策的な貿易管理の要とした。

　これらの政策はすべて輸出品を工芸品に特化し，技術的に優れているにも関わらず低価格な商品を作り出し，国際市場から多額の貨幣をフランス国内にもたらすことを目的としたものである。コルベールの政策は，一時的に成功し，ブルボン王朝の全盛期を支えた。ヴェルサイユ宮殿に代表される高度な芸術品に囲まれた豪華なバロック建築（図2.3）は，コルベールの政策の成果であるともいえる。

　ところが，コルベールの政策は，時がたつにつれてひずみを見せ始める。ギルド化され競争が抑制された結果，職人たちの技術水準は，国際水準と比べて徐々に低下し始める。さらに1685年のナント勅令廃止は，職人に多かったプロテスタントの国外への大量流出を招き，技術力の低下を招いた。また，流通の独占，産業への参入規制は，結果として価格の高騰要因となり，フランス製品は徐々に国際競争力を失っていく。また，度重なる戦争と巨額の宮廷費は財政を圧迫することとなった。

さらに致命的だったのは，農産物価格の抑制による農村の疲弊であった。これは小作料を支払う農民のみならず，小作料収入を受け取っていた荘園領主側の不満も鬱積させることとなる。特に，これは農業国家であるフランスにとって経済基盤の崩壊を意味した。100年後のフランス革命へとつながる火種は，コルベールの政策が実施されていた時期には起きていたともいうことができる。

　このコルベール政策は，古典派の経済学者たちに2種類の異なる教訓を残した。スミスやリカード（次章参照）には，自由経済と自由貿易の重要性を，他方で，フリードリッヒ・リスト（Friedrich List, 図 2.4）のような人物には保護貿易の有効性を考えさせるきっかけとなったのである。リストは，自由貿易はイギリスのような先進資本主義国には有効だが，ドイツのような後進国にとっては，関税による保護が重要であるとし，コルベールの政策を高く評価したのである。

　さらにもう一つ，コルベールの農業政策の失敗から農業生産の重要性に気がついた経済学者のグループが存在した。ルイ15世（Louis XV, 在位 1715-1774 年）の公妾ポンパドゥール夫人（Madame de Pompadour）のサロンに集まった啓蒙思想家の中の，フランソワ・ケネー（図 2.5）を中心とする重農学派の人々である。ケネーらは，生産の基本要素である土地と，そこへの人の働きかけである労働が，社会における価値の根源であることに気がついた最初の人々であった。ケネーらは，産業革命以前のフランス国民であったので，まだ資本主義に関する概念は持っていなかったが，スミスは，家庭教師をしていたヘンリー・スコットの留学に付き添った際に，フランスでケネーらと親交を結んでいる。そして，これらの経験を元として，スミスは独自の経済学を構築していくこととなった。

図 2.3 ヴェルサイユ宮殿（王妃の居室の王妃の寝室）
（写真提供：時事通信フォト）

図 2.4 フリードリッヒ・リスト（1789-1846 年）

図 2.5 フランソワ・ケネー（1694-1774 年）

2.6　労働価値説と自然価格

　資本制生産とは，あらかじめ用意された資金を使いながら，財やサービスの生産・販売を行い，元手に加えて利益を回収していく生産様式のことを指す。最初に用意する資金を必ずしも自力で用意するのではなく，金融機関に借金したり，株式を発行して出資者を募ったりすることで，個人で用意できるよりも多くの資金を用意して生産を行うことが一般化した社会のことを**資本主義社会**と呼ぶ。用意できる資金が大きければ多いほど，大規模な生産が行え，それにより早くに経営を軌道に乗せたり市場を独占したりすることができるし，新商品の開発なども有利になる。スミスが生きたのは，そのような大量の資金を集めるための近代的金融システムがほぼできあがり，それが低賃金労働者や技術革新と結びついた時代であった。

　資本が用意され，労働者と生産設備，原材料が集められて生産が行われ，そのために用いられた生産設備と原材料もまた同じく労働と生産設備と原材料によって作られる。これをずっとさかのぼっていくと，すべての生産物は**本源的生産手段**と呼ばれる労働，土地，資本にまでさかのぼることができる。逆に言えば，すべての生産はこの三要素に基づいて行われると考えられる。生産終了後，労働者は賃金を受け取り，地主は地代を受け取り，資本家は利子を受け取る。したがって，この**労働**，**土地**，**資本**を**生産の三要素**と呼ぶこともある。

　ところが，この三要素に対して，新しい価値を生み出せるのは労働だけであるとする考え方が生まれた。これを**労働価値説**と呼ぶ。たとえば，農業生産を考えてみよう。土地は世界に広がっているが，誰も何もしなければ，そこから商品が生まれることはない。人が，土地を耕し，種をまき，収穫をして，市場に出すからこそ，商品が生まれるのである。何らかの理由で，土地を所有していた地主は，その土地を労働者に貸し出すことで小作料を得るが，地主自体は何かをしたわけではない。これは工業生産でも同じである。資本家は，資金や生産手段を用意はするが，

彼自身は生産活動を行うわけではない。資本家の役割は，生産から販売まで時間がかかる商品の場合，最初に生産手段を集めてから，ものが売れるまでの時間を稼ぐことである。生産の間にも労働者には賃金を払わなければならないし，場合によっては原材料の代金の支払いをしなければならない。資本家は，実際に販売して時間経過の間に発生する費用を負担し，生産過程を維持しなければならない。それは生産の中では必須の役割ではあるが，資本家自身は商品の生産に直接関わっているわけではない。結局，既存の原材料を改変し，全く別の商品に作り替えているのは労働者なのである。

ところが，問題なのは，生産設備や原材料を使って，新たな商品を作り出すということは，それまで人にとって特に欲しいものではなかったものを，人にとって必要であったり，欲望の対象となったりするものに作り変えるということである。たとえば，単なる荒れ地を欲しいという人にいないだろう。ところが，そこで農業を行い，野菜や果物を作り出した場合，人のニーズを引き出す商品が生まれる。それでは商品としての価値はどこから作り出されたのか。それは労働に他ならない。労働価値説では，すべての商品の価値は労働によって作り出されるとされる。

さて，問題なのは作り出された価値である。たとえば，ある商品を作り出すために3時間分の労働が必要であったとする。その場合，その商品の中には，3時間分の価値があると表現することができるだろう。商品の価値をその中に投入された労働の量で捉えたものを**投下労働価値**という。他方で，ある商品を市場で売って，その代金で何時間分の労働が雇えるだろうか。

商品の価値を，その商品を用いて市場で雇用することができる労働の量で図ったものを**支配労働価値**という。たとえば，市場での時給が100円だったする。3時間働いて，300円の商品を作れば，それを売って得られるお金で3時間分の労働を買い戻すことができる。この場合，投下労働価値と支配労働価値は等しい。ところが，資金を調達する人（資本家）と生産をする人（労働者）が分かれている（分業している）とどうなるだろうか。たとえば，同じ300円の商品を作ったとしても，今度は

資本家の取り分である利子と労働者に支払われる賃金の両方を払わなければならない。

仮に資本家が300円手にしたとして，労働者に支払われるのは270円，時給では90円となる。とすると，300円の商品は，300/90＝3.33…時間の労働に等しいことになる。この商品が3時間の労働で作られるという技術的条件が変わらないとすると，投下労働価値と支配労働価値が一致しないことになる。実際にはこれにさらに地主に支払われる地代が入るので，ますます労働者への支払いは少なくなり，投下労働価値と支配労働価値の差は大きくなる。この投下労働価値と支配労働価値の差の説明は，スミス以降の古典派経済学者の課題であった。後にマルクス（第4章）はこの差の中に資本主義社会の搾取の構造を見た。

いずれにしても，労働価値説は古典派経済学者を特徴付ける理論となり，19世期中頃にはJ. S. ミル（第5章参照）が「すでに価値論は完成している」と宣言するに至った。

スミスは，価値は労働によって作り出されるが，実際に商品の価格の中には，賃金，利子，地代のそれぞれが反映されており，支配労働価値はその商品の価格によって決定されると考えていた。商品の価格は，市場における需要と供給の関係から決定されるが，それは市場による競争圧力でやがて1つに収斂していくと考えられる。その場合，価格に含まれる賃金，地代，資本の関係は，すでに互いに他を減らさなければ自らを増やせないような比率となっている。このような状態に落ち着いた価格を，スミスは自然価格と呼んだ。スミスの自然価格論は，労働価値説に基づいてはいるが，現代的な均衡価格の概念のようにも見える。そのため，19世紀末に起きた限界革命（第5章）以降，労働価値説に依拠しない経済理論が誕生した後でも，スミスの経済学の祖としての地位は揺るがなかったのである。

他方で，スミスは，この自然価格を，市場における需要と供給の均衡によって決定される市場価格と区別していた。市場価格は常に変動し，複数存在するが，自然価格はただ1つだけである。

2.7　自由市場と国家の役割

　スミスは，一般に誤って信じ込まれているほど，国家の役割を否定しているわけではない。すでに述べた道徳教育や道路や橋のような基礎的社会資本の整備，失業者への職業訓練など，国家がやるべき仕事も多々挙げている。スミスは，利己心の発露によって生み出される社会を，力強い成長力は持つが，それだけで理想的なものとは考えなかった。労働者の道徳水準が低く，貧困や失業があふれる社会では，犯罪の発生や生産性の観点で様々な問題を抱えるだろうし，その解決は，国家が取り組む問題である。この意味でもスミスを自由放任主義者として見なすことは誤りである。

　しかし，それでも現代的な意味での，社会保障制度を整備したり，産業や貿易を管理したりすることには否定的であったこともまた事実である。スミスがこれらの政府の関与に反対したのは，それに伴う政府の規制が作り出す環境の中に，利己心を発揮して既得権益を獲得し，それが能力のない経営者や企業を温存させ，資源配分のゆがみを生み出すからである。

　当時の重商主義は，国に富をもたらすのではなく，政治的腐敗と資源配分のゆがみのみをもたらしていた。重商主義によって重視されるものは，豊かな者や特権階級の利益に関わるものであり，より貧しい階級を含めた一般的な公平性に基づくものではない。しかもその利益は，多くの場合生産者の利益の犠牲の上に成り立っている。したがって，国益，公益という名の下に行われる重商主義政策が，実際に公益を増加させることはないというのがスミスの主張である。したがって，この問題を回避するためには，規制が悪用されることのない状態で，個々人の利己心に従って活動することが一番であると考えたのである。スミスにとって，特定の階級を利するための政策ではなく，人と社会の原理に基づいて，国を成長させるための条件を整えることこそが，国家の役割だったのである。

2.8 まとめ

　アダム・スミスは，古典派のみならずすべての経済学の原点であると言える。だが，スミスは，最初であるがゆえに，前提としうる基礎概念を持っていなかった。彼が，道徳哲学に関する研究の中で，個人の利己心や共感あるいは交換性向という言葉を見つけられたのは，彼自身の経験と洞察からの帰納的推論の結果であろう。彼は自分自身で一歩ずつ体系を作り上げなければならなかったのであり，それをなしえたのはまさに偉業と言えるだろう。

　スミスの議論は，生産と交易によって拡大していくイギリスの初期資本主義社会の描写でもある。生産と市場交換に焦点を当てたこのスタイルは，古典派と呼ばれる経済学グループの先駆けとなる。と同時に，人々の自発的意志に基づいた市場交換の優位性を説いたスミスの議論は，古典的な経済自由主義の出発点として見なされるようになった。

　彼の前にも「最初の経済学者」と称される人物はいるが，現代の経済学に続く経済学の起点となったという意味では，スミスに並び立つ者はいない。だが，スミスの経済学である『国富論』は，彼の社会哲学体系の一部を占めるに過ぎない。近年の研究の中で明らかになりつつある彼の体系は，今なお，新しい発見をもたらしてくれる知識の源泉である。

【さらなる学習のために】

堂目卓生『アダム・スミス──『道徳感情論』と『国富論』の世界』，中公新書，2008 年。近年，出版されたアダム・スミスの解説書の中では一番の良書。もちろん，スミスの体系はこの書で扱われている範囲にとどまらないが，経済学の父と呼ばれる部分のスミスを理解するにはこの書で十分である。

水田洋『アダム・スミス』，講談社，1997 年。世界的に有名なアダム・スミスの研究者による解説書。日本のスミス研究の層は非常に厚いが，その中でも群を抜いている。

第3章

リカードとマルサス

学習のポイント

- ■産業革命とナポレオン戦争というヨーロッパ史の転換点に活躍した2人の経済学者が，何を観察して，それをどのように説明したかを理解する。
- ■経済学の思考の発達過程の中で，両者の論争の果たした役割を考えよう。

3.1 ナポレオンの時代

イギリスにおいてロバート・マルサス（Thomas Robert Malthus, 1766-1834 年）とデヴィッド・リカード（David Ricardo, 1772-1823 年）が生まれたのは，アダム・スミスの『国富論』の刊行やアメリカ独立宣言（ともに 1776 年）の直前であった。イギリスではカートライト（Edmund Cartwright, 1743-1823 年）が力織機（機械式織機）を発明し，産業革命の黎明期であった。

産業革命の副産物の一つとして，それまでの社会の生産の一要素であった奴隷（農奴）の意義が薄れ消滅したことがある。これは人権意識や博愛精神の普及というよりも，奴隷の維持費よりも賃金労働者を雇用する方が安くつくようになったという経済的理由の方が大きい。奴隷確保は，かつて戦争と植民地の獲得の理由の一つであったが，19 世紀になるとその意味は小さくなる。

また，産業革命の進展は，農業生産を富の源泉とした荘園制による社会を大きく変えた。フランス革命とそれに続く半世紀はその転換の象徴であった。革命で，ブルボン王朝による旧支配体制を打倒した市民勢力ではあったが，その後の社会情勢は混沌としたままであった。

その混沌の中から抜け出し支配体制を確立したのが，ナポレオン・ボナパルト（Napoléon Bonaparte, 1769-1821 年）であった。ナポレオンは，革命のわずか 10 年後の 1799 年にフランス統領，1804 年にはフランス皇帝の座に就く。第二次対仏同盟を打ち破り西ヨーロッパでの覇権を確立したナポレオンに対する最後の砦がイギリスであった。イギリスは，第三次対仏同盟を結成，1805 年ジブラルタル沖のトラファルガー海戦に勝利したことでフランス軍のイギリス上陸を阻止する。しかし，ヨーロッパ大陸におけるフランスの勢力はその後も拡大し，イギリス，スウェーデン，ロシア以外のヨーロッパ諸国はすべてナポレオンに屈することになる。

イギリスを窮乏化すべくナポレオンは 1806 年**大陸封鎖令**を発令し，

イギリスとヨーロッパ大陸間の交易を遮断しようとした。だが，大陸封鎖は穴だらけで，また大工業国であったイギリスの座にフランスが成り代わることができるはずもなく，ただ，ヨーロッパ各地の不満を高めるだけに終わった。

だが，ナポレオンの大陸封鎖は思わぬ副産物を生んだ。イギリスでは，大陸からの品物の流入が少なくなった結果，物価が高騰する。特に農産物の価格の上昇は，イギリス国内の地主にとって異常なバブル景気の到来となった。

ナポレオンは，1812年のロシア遠征の失敗以後急速にその力を失っていく。そして最終的には1815年にフランス北部ワーテルローの戦いで，ヨーロッパの舞台から姿を消す。だが，イギリスの地主にとって，一度得た利益を手放すことはできなかった。イギリスでは，市民革命時にも王を初めとする荘園領主が排除されなかったため，大地主が生き残り，さらにその中でもジェントリは産業革命で重要な役割を果たしていた。そのため，地主が厳然たる政治力を維持し続けていたのである。彼らは，大陸封鎖で得た利益を守るため，大陸からの穀物輸入の制限を主張し，1815年輸入制限のための**穀物法**を制定した。

そして，リカードとマルサスという古典派経済学の2人の中心人物は穀物法をめぐって正面からぶつかり合うことになる。その背後には，両者の基本となる世界観とそれに基づく理論の違いがあった。

穀物法は，国内価格が一定水準を超えたときにのみ，穀物輸入を認めるとする厳しい規制であった。結果として，先進資本主義国であったイギリスの賃金をさらに高騰させる原因となり，不作期には，激しいインフレを招くことになる。これに対して，銀行家や商工業者がマンチェスターで反穀物法協会を結成，活発な政治工作を展開し，1846年にピール内閣にて廃止にこぎ着けた。

マルサスとリカードが生きたのは，産業革命をほぼ達成し，ナポレオン戦争期を経て，ビクトリア女王期（Victoria，在位1837-1901年）というイギリスの絶頂期であった。この時期に展開された彼らの経済学は，急速に大きくなる工業生産を背景にしたものであり，歴史上初めての本

格的な経済学体系である古典派を形作ることになる。

3.2 リカードとマルサスの生涯

マルサス（図 3.1）がロンドン南方にあるサリー州ウットンで，7人兄弟の次男として生まれたのは，1766年のことであった。裕福な地方地主であった彼の父はヒュームやルソー（Jean-Jacques Rousseau, 1712-1778年）の友人でもあり，マルサスは早くから高い水準の教育を受けていた。そのような環境で進歩的な牧師として歩み始めたマルサスが，世に知られるようになったのは1798年に出版した『人口論』（*An Essay on the Principle of Population*）であった。「人口は幾何級数的に増加するが，農業生産は算術級数的にしか増加しない」という有名な法則を述べたこの書は，キリスト教の牧師が書いたにも関わらず，この世に生を受けたものの生存が保証されていないことを指摘したという点でショッキングであった。

産業革命期に入り拡大しつつあった貧困や経済的不平等に対して，すでにゴドウィン（William Godwin, 1756-1836年）が，私有財産制度に基づく社会制度に起因することを指摘していた。しかし，マルサスは，これを批判し貧困と格差の拡大は，社会制度の問題などでなく，自然法則の結果であると主張したのである。後に，このマルサスの考え方にアイディアを得たのがチャールズ・ダーウィン（Charles Robert Darwin, 1809-1882年）であり，マルサスの議論を生態系一般に拡大したのが，自然選択説であった。マルサスは，『人口論』が評価され，東インド会社大学の歴史および経済学教授として就任する。「経済学教授」という肩書きはこのときにマルサスが得たものが，史上初であった。

マルサスに遅れること6年，1772年に，オランダから帰化したユダヤ人でロンドンで金融業，証券仲買人を営んできた父と商家の出身の母の間に，リカード（図 3.2）は生まれた。このような環境に生まれたリカードは14歳のときに家業の証券取引の仕事に就く。しかし，21歳に

図 3.1　ロバート・マルサス　　図 3.2　デヴィッド・リカード

3.2 リカードとマルサスの生涯

クウェーカー教徒の女性と結婚し，父と絶縁，キリスト教ユニテリアン派に改宗する。その後，ナポレオン戦争期に莫大な財産を築いたが，ロスチャイルド家とイギリス公債の引き受けを争って敗れたのを機に引退し，下院議員を務めながら学究生活に入った。そのときの彼の愛読書の一つがスミスの『国富論』であった。

　19世紀初頭，ナポレオン戦争の影響により，イギリスでは金が高騰していた。1797年から1819年にかけてイングランド銀行は，銀行券と金との兌換を停止していた。この期間，激しいインフレーションと外国為替相場の大幅な下落が起きた。これに対して，リカードは銀行券の大量発行が原因であるとし，銀行券の発行規制を主張する。これに対して，ポンドの下落によって輸出における利益を拡大しつつあった商人や政府，そして金との兌換を復活させたくない銀行は反対し，**地金論争**が勃発する。反地金派は，為替レートの下落は国際収支，金地金の高騰は素材としての金需要の増加によるものであると主張した。この論争を通じて，リカードはマルサスやジェームス・ミル（James Mill, 1773-1836年）と出会う。

　地金論争において同意見であったマルサスとリカードは，また救貧法問題でも，理由は異なるが，当時の救貧法を否定するという点で同じ立

場にあった。だが，2人はそれ以外のテーマでは生涯を通じて論敵であり，価値論，利潤論，賃金論，地代論，機械論，救貧法などでほとんど一致を見ていない。さらにその最たるものが外国貿易論であり，穀物法を巡る論争であった。比較優位説に基づき自由貿易を主張するリカードに対して，『人口論』の原理を元に農業保護を訴えるマルサスの間で論争が行われた。これらの論争は，すべて経済学の本質に関わる問題を巡って行われたものであり，後の経済学の発展に与えた影響も小さくない。

しかし，両者の間に幾度となく繰り返された論争は，2人の個人的関係を傷つけることはなかった。両者は終生の良きライバルとして論争を楽しんだのである。

3.3 リカードとマルサスの論争

リカードとマルサスは，理論的にはほとんど一致を見ていないが，ここでは2人の立場の違いを価値論，地代論，機械論，貿易論を通して見ていこう。

▶ 価 値 論

リカードはスミスを継承し，分析の対象を「人間の勤労の発揮によってその量を増加することができ，またその生産には競争が無制限に作用しているような商品」と定義した。つまり，リカードの場合，富はいくらでも増産できるものである。これには金や銀の天然資源も含まれる。これに対して，マルサスは，そもそも生産は自然環境による制約を受けるので，無制限な拡大はありえないと考えた。彼は，『人口論』の中で農業生産が算術級数的にしか伸びないことを示したが，これにより社会のすべての生産には制約があることになる。

リカードは，スミスの価値論の中で投下労働価値説のみを引き継いだ。つまり，ものの価値は，それを生産するときに使用された労働によって決定される，とした。投下労働価値は，社会に労働者しかいない場合は，

支配労働価値と一致するが，分業，つまり労働者と資本家の役割分担があリそれぞれが賃金と利子を受け取る場合には，投下労働価値と支配労働価値は一致しない。マルクス（次章）は，その中に資本家による搾取を見て取ったが，リカードは，投下労働価値説に基づいた理論体系を構築することになった。

　これに対して，マルサスは富を「人類に必要で，有用な，または快い物」とした。そこから，マルサスは価値が，交換に際する人々の相互評価によって決まると考えたのである。言い換えれば，リカードは，ものの価値はものの中に内在するとしたのに対して，マルサスは，ものの価値とは独立にそれを観察する人々の側にあるとしたのである。リカードの議論は，その後の生産価格論に，マルサスの理論は限界革命における主観的価値論にも通じる。しかし，マルサス自身は，人の主観の不安定性を知っており，「穀物および労働の中間値」を正確な価値尺度であるともしている。

　価値に関する両者の立場は，決着がつかず，最終的にリカードは，「ものの真実の価値」は存在せず，ただ需要と供給の中で相対的に決定される相対的価値が存在するだけであるとする。これは，後の限界革命時の議論にもつながるのだが，他方でマルクスの批判を生むこととなる。マルクスは，マルサスの議論を排し，投下労働価値に基づいた理論を構築した。

▶ 地 代 論

　リカードとマルサスの農業政策に関する意見は全く異なっていたが，工業生産の利潤率は農業生産の利潤率に依存しているという点では一致していた。それは当時，産業革命が進展していたとはいえ，各国の最重要産業が農業であったことには変わりがなく，農業の利益率は工業のそれを大きくしのいでいたからである。

　両者の問題点は，大きく分けて2つあった。一つは，土地がなぜ投下労働以上の収穫をもたらすのかということ，もう一つは，土地の開墾とともにその超過量がなぜ減少するのかということであった。

これに対して，リカードは投下労働価値説に従い，次のように説明する。まず人口の少ないうちは，高い生産力を持った肥沃な土地だけで生産が可能であり，土地に対する報酬，すなわち地代は発生しない。しかし，人口が増加し，もっとも肥沃な土地だけでは食料生産が追いつかなくなると，肥沃度の劣る土地も次第に開墾されるようになる。しかし，それらの土地では，同じ労働量を投下しても得られる農産物の量は少ない。たとえば1等地では1人の労働者で10kgの小麦が生産できていたにも関わらず，2等地では2人使わないと同じ量の農産物が生産できないとする。両者は同じ量の小麦なので市場では等しく交換されることになるが，1等地での小麦の生産者は1人の労働の分だけ，2等地での生産者よりも有利になる。これが地代の源泉である。社会全体で見ると，農地が拡大し，農業生産が増えるほど，劣等地が開拓されるため生産性は落ちるが，その反面より肥沃な土地の地代収入は増加することになる。

　一方，マルサスは，先述の2つの問題を，次の3つの自然科学的理由から説明した。第一に，投入された農産物以上の農産物をもたらすという農業の特徴。たとえば，一房の種籾から何百房の小麦がとれるという天の恵み。第二に，農産物の供給増加は人口増加の原因になるという事実。第三に，肥沃な土地が希少であることである。

　生産性のもっとも高い肥沃な土地で生産された農産物は，それを生産するために必要とされる労働に対する報酬として支払われる。リカードと同じく，この時点では地代は発生しない。農業生産の増加により，次第に人口が増加する。ところが肥沃な土地は限られている。その結果，農業の労働市場では次第に供給が過剰となり，賃金は下落する。その結果，肥沃な土地の地主から見ると，同じ量の小麦を生産するために労働者に払わなければならない費用は低下し，浮いた分が地代収入となる。社会全体で見れば，労働人口の増加につれて賃金は低下し，肥沃度の違いによって地代にも差が出ることとなる。

　リカードとマルサスの理論的な違いは，リカードが人口の増加に対して肥沃度の違う新たな土地が次々と開拓されていき，そこで同じ量を生産することを前提としていたのに対して，マルサスは土地が有限であり，

農地の開拓速度よりも人口の増加速度が常に大きいことを仮定していたことが理由である。要するに，リカードはあくまで投下労働価値説に，マルサスは『人口論』に依拠していたのである。

この両者からは異なる政策論が生まれた。リカードは，国内の劣等地を開拓するよりは，海外の肥沃な土地で生産された農産物を輸入した方が，社会全体の生産費を押し下げることになり，商品価格を低下させ，賃金を引き下げ，かつ製品の国際競争力を押し上げることになるとした。労働市場での需要が変わらないときに，保護貿易を維持することで農産物価格が上昇すると労働者の生活は一層苦しくなる。つまり，保護貿易は，労働者の生活にも貿易にも不利な影響を与えることになる。

これに対してマルサスは，農業は工業などに比べてその自然的性質から高付加価値であり，国内農業を保護することには合理的な理由があるとした。たとえ，自由貿易を行い，海外の肥沃な土地を開拓したとしても，全体としてはマルサス法則が作用するため，長い目で見れば農業生産は人口増加に追いつかなくなる。それよりも国内農業を保護する方が重要と考えたのである。

▶機械論

産業革命期だけでなく，現代でも効率的な機械の導入は失業を生むという主張がなされることがある。社会全体で見れば，機械の導入は，その機械の生産のための新たな雇用を生むので，むしろ雇用の拡大につながるのだが，個々の工場のレベルで考えると機械の使用は労働者の解雇を生むことがある。産業革命期には，労働者による機械の破壊（ラッダイト運動）として，この敵対関係が事件となることがあった。

この問題に対して，リカードは，機械は労働を排除せず，生産性の向上から賃金財（食料や住居費などの生きていくために必要とされる財）の価格を引き下げる。そのため，名目賃金が変わらないとしても，実質賃金を引き上げる傾向があるとし，ラッダイト運動に批判的であった。

一方，マルサスは，労働者を機械によって置き換えると確かに生産性の向上の結果，商品の低価格化が進む。しかし，たとえ商品の低価格が

進んだとしても，それによって需要が増加するようなものでなければあまり意味はない。ところが，機械によって労働者を代替すると，それまで労働者に支払われていた賃金が支払われなくなるために，労働者の所得が減少し，社会全体としても需要を低下させる。つまり，機械の導入によって，商品供給が増えたとしても，所得増加が起こらなければ，一国の経済は成長経路から外れてしまうことになる。確かに，機械導入が国内の新産業の創出によるものでなく，海外からの輸入に依存し続ける場合は，全体としての経済の縮小は起こりうるだろう。これもまたマルサスが自由貿易に反対する理由なのである。

▶ 貿易論

すでに言及したが，リカードとマルサスの貿易を巡る対立をまとめておこう。マルサスは，基本的に穀物法がイギリス農業の安定につながるとして，賛成に回った。マルサスの議論は『人口論』に基づいた上で，

(1) 食料の生産を海外に依存することの危険性
(2) 農村が疲弊した結果，工業へ労働人口が移動し，農業と工業の成長の足並みがそろわなくなり，資本蓄積が低下し経済発展が阻害される

の2点を理由として挙げた。マルサスにおいて，あくまで社会の成長を決めるのは農業生産であり，それを守らないと工業生産の成長もおぼつかないのである。

これに対して，リカードは，一国において必ずしもすべてを生産する必要はないという有名な比較優位説を展開する。この説明のために，リカードはイギリスとポルトガルという仮想的な2つの国を仮定する。イギリスには，労働者が220人，ポルトガルには170人いるとする。両国はラシャとワインの生産を行っているが，イギリスはラシャを1単位生産するのに10人，ワインを1単位生産するのに12人の労働者が必要である。この条件下で，現在ラシャとワインを10単位ずつ生産しているとする。

一方，ポルトガルでは，ラシャの生産に9人，ワインの生産に8人必

要であるとする。ポルトガルでも同様に，ラシャとワインを 10 単位ずつ生産しているとする。両国の差は，ポルトガルがイギリスよりも，ラシャとワインの生産において，自然環境と技術に優れているからである。

　一見すると，そのまま競争するとイギリスはポルトガルに永遠に勝つことができず，自由貿易をすると，イギリスのラシャ，ワインの製造業はポルトガルによって駆逐されるように見える。だが，生産性を考えれば，イギリスではラシャとワインの比は 10：12，ポルトガルでは 9：8 である。リカードによると，それぞれの国が現状を維持するより，イギリスはラシャ，ポルトガルはワインに特化した方がより多くのものを手にすることができることになる。

　イギリスはラシャ，ワインともに，生産性がポルトガルに劣っているが，それぞれの商品を比較してみると，ラシャは 10：9，ワインは 3：2 であり，ラシャの方がワインに比べて生産性の劣り方が小さい。これをイギリスがラシャに，ポルトガルがワインに対して，比較優位を持つという。

　そこで，イギリスはラシャの生産に，ポルトガルはワインの生産に全労働力を振り向けてみたとしよう。現在の技術条件が変わらないとすると，イギリスはラシャを 22 単位，ポルトガルはワイン 21.25 単位生産できることになる。

　イギリスはこれまでの国内需要分 10 単位を残して，残り 12 単位をポルトガルに輸出する。ポルトガルも国内需要分 10 単位を残して，残り 11.25 単位を輸出する。それぞれの輸出物がそのまま交換できるとすると，イギリスは，ワイン 11.25 単位，ポルトガルはラシャ 12 単位を得られる。これは，それまでそれぞれの国内生産でまかなっていた量よりも多い。つまり，貿易を遮断してすべて自給自足していたときよりも，比較優位に基づき生産を特化し，貿易をした方が最終的に得られる生産物量が大きくなるのである。

　リカードの説明には，なぜイギリスのラシャとポルトガルのワインが，含まれる投下労働量が異なるのに交換できるのかといったことや，2 国 2 財モデル以外でも同じことが言えるのかといったいくつかの疑問が呈

されてきた。しかし，比較優位説は，20世紀に入ってから国際貿易論においてヘクシャー‐オリーンモデルが登場した後でも，自由貿易の効果を説明するための簡単な方法として重宝されている。

3.4 まとめ

　マルサスとリカードの論争は，どちらが正しくてどちらが誤っているという次元のものではない。特に，自由貿易と保護貿易の問題は，現代でも決着が付かない問題である。リカードの投下労働価値説と地代論は，ミクロ経済学の生産理論の源流の一つともなるし，マルサスの理論は，長らく「ブルジョア経済学」のそしりを受けてきたが，現代では環境制約下の成長を考える環境経済学のルーツとして認められている。

　他方で，リカードやマルサスが取り扱った問題が，いまだに経済学の中心課題であるということは，社会の問題を取り扱うためにはまだまだ経済学のツールが不完全であることを示唆しているとともに，社会問題の奥深さを示しているとも言える。

【さらなる学習のために】

中村廣治『リカードウ評伝——生涯・学説・活動』，昭和堂，2009年。リカードは1980年代までは良い入門書が刊行されていたが，その後専門書ばかりで，初学者向けの書籍は出ていない。この書は研究書だが，人生のエピソードなどが多いので，まだ読みやすい。

中澤信彦『イギリス保守主義の政治経済学——バークとマルサス』，ミネルヴァ書房，2009年。マルサスもまた入門書のない経済学者である。他方で，リカードとマルサスは日本での研究が進んでおり，著者は中堅ではもっとも実力のあるマルサスとバークの研究者である。

第4章

カール・マルクス

学習のポイント

■ 資本主義社会の成長がもたらしたものには繁栄だけでなく，貧困や格差などの深刻な問題も含まれていた。身の回りの様々な問題を採り上げながら，それが現代社会の原理とどのように関わるのかを考えてみよう。

■ マルクス理論は，資本主義というわれわれの社会の原理を体系的に最初に説明したという点で評価される。マルクス理論で，グローバル化の進んだ現代社会を説明できるかどうか考えてみよう。

4.1　資本主義社会の成長の影

　イギリスで起きた産業革命は，プロセスこそ各国それぞれであったが，やがてヨーロッパ全地域に広まることになった。特に19世期中盤，ビクトリア女王時代のイギリスは，世界の最先端の国家として，経済力の頂点に達した。フランスは，国内の政情不安を抱えながらも，イギリスに続いて産業革命が始まった。ドイツ人圏では，オーストリア帝国との主導権争いを制する形でプロイセン王国が軸となり，敗れたオーストリアと並んで，上からの産業革命と言われる殖産興業・富国強兵政策をとることになる。

　後発資本主義国は後発国の理を活かして急速な成長を見せるが，いくら国家が成長しても国内の貧困は解消されず，持てる者と持たざる者の格差が消えることがなかった。後発国だけでなく，最先端を進んでいたイギリスでもまた貧困層の拡大は深刻な社会問題となるほどであった。当時のロンドンはすでに100万人を超えるほどの大都市であったが，貧困層の住むスラム街の治安や衛生状態は悪かった。それでも地上に暮らせる者は，まだましな方で，ロンドンやウィーンでは，下水道を住居とする貧困層が数多く存在した。当時の古典的自由主義者が考えるほどには，経済成長はそれだけでは貧困を解消しなかったのである。

　さらに，成長した資本主義社会も安定的ではなかった。1870年代になると頻発するようになった恐慌と不景気は，人類史に新しい一歩を約束するはずの資本主義社会の前途が必ずしも揚々たるものではないことを人々に教えた。当然，そのような社会に抵抗する人々が現れた。あるところでは，国家が社会的な問題を解決するように主張する者たちが，また他のところでは，労働者の福利厚生や権利を考えた自主管理工場を実際に運営する者たちがいた。

　しかし，社会にもっとも激しく抵抗した労働者，学生，知識人たちはやがて暴力的に社会を転覆させ，現在の支配体制から脱しようとした。1848年にベルリン，ウィーンで起きた革命（ウィーンの三月革命）の

図 4.1　カール・マルクス
（1818-1883 年）

火の手はパリにも飛び火する。オーストリアでは宰相メッテルニヒ (Klemens W. L. Furst von Metternich, 1773-1859 年) の追放に成功し，王族もウィーンを一時離れざるを得なくなる。

　だが，結局これらの革命は体制側に鎮圧される。そして，これらの革命で，精力的に活動したが結局はイギリスに亡命せざるを得なくなった人たちの中に，カール・マルクス (Karl Marx, 図 4.1) がいた。マルクスは 1818 年プロイセンのトリーアにて生まれる。父親は弁護士であり，経済的には恵まれていた。両親ともユダヤ教徒であったが，彼自身は宗教には否定的だった。彼は大学卒業後，大学で研究を続けることを望むがかなわず，ライン新聞の新聞記者となる。そこで，大工場主の息子フリードリヒ・エンゲルス (Friedrich Engels, 1820-1895 年) と出会い 2 人は終生の友となる。イギリス亡命後のマルクスの生活を支えたのはエンゲルスであった。

　ロンドンでのマルクスは，資本主義社会の観察を続けながら，その構造を分析しようとした。資本主義の構造的欠陥を指摘し，恐慌の発生間隔が短くなっているという観察に基づいて，資本主義社会の崩壊を予感した。さらに，ヘーゲルの弁証法を批判的に継承し，社会進化の原理を見据えた上で，次の社会の主導権を労働者によって握ることの必要性を説いたのである。

したがって，マルクスは，社会主義の象徴のように語られるが，マルクス自身は社会主義社会がどのように実現され，成長するのかを明確に論じたことはなく，彼の代表作『資本論』(*Das Kapital : Kritik der politischen Oekonomie*，1867-1894 年) は，徹頭徹尾資本主義社会の分析の書である。

4.2 労働価値説に基づいた経済学

マルクスの『資本論』は3部構成だが，マルクスの生前に出版されたのは，第一部だけである。第二部はほぼ完成していたが，その前にマルクスは1883年に貧困のうちにこの世を去った。第三部は，エンゲルスが草稿を集め編纂して出版したものである。マルクスは非常に悪筆で，当時はエンゲルスしかマルクスの原稿を読めないと言われていた。そのため，エンゲルスにマルクスの文書の読み方を習うことができた人物は限られていた。現在では，マルクスやエンゲルスの研究が進み，初版とはやや異なる『資本論』が登場している。とにかく，『資本論』は，20世紀末の東欧革命までは，旧共産圏では，『聖書』に次ぐと言われるほど量産された。

あらゆる経済学の理論と同じく，『資本論』もまた多くの人々が当たり前だと思う簡単な原理から議論を始める。資本主義社会では，生産を行いたいと思う人は，まず資金（資本）を用意し，それでもって労働者と他の生産要素（原材料，機械，工場など）を購入しなければならない。準備が行われれば，労働が生産要素に働きかける形で生産が行われ，生産物が生み出される。これが商品として市場に出されて，売れれば貨幣となって戻ってくる（図 4.2）。

この資金は，一部は資本家に利子として支払われ，また一部は地主に地代として払われるが，その多くは，次の生産の資金として再使用される。このとき前回と同じ規模の貨幣が投入されれば単純再生産，前回を上回れば拡大再生産，下回れば縮小再生産となる。

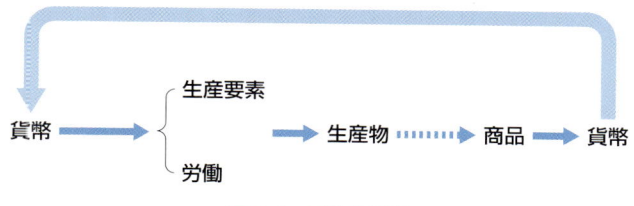

図 4.2 再生産過程

　問題は，**労働価値説**に基づけば，原材料に働きかけ，それを別のものに作り替えることで新たな価値を付与できるのが労働だけであるとしているところにある。したがって，資本や土地は新たな価値を生み出さないにも関わらず，新たに生み出された価値からの分配も要求するので，当然，労働者への賃金として支払われる部分は小さくなる。その結果，労働者は自らが作り出した価値を，賃金では買うことができない。そもそも賃金労働者は，自らの労働力以外の生産手段を持っていない。**生産手段と生産物の両方**を所有していない（所有できない）という意味で，**二重の疎外**にある。

　実はマルクス経済学の体系は，労働価値説さえ認めてしまえば，その後の議論の展開はそれほど飛躍するところがない。労働価値説ですら，何らかの形で人の手が介在しなければ商品が生まれないということを考えれば，それほどおかしな議論ではないように思える。この問題はまた後から採り上げる。

4.3　搾取の構造

▶ 搾取的労働の構造

　マルクスは，労働者の二重の疎外を指摘したが，彼の主張の特徴は，資本主義の諸問題は，悪徳資本家や地主がいるから起きているわけでは

なく，それが資本主義の本質に関わるものであることを指摘した点にある。逆に言えば，良心的な資本家がいたとしても，資本主義社会である限り，労働者の貧困や格差は解決しないのである。

ここで，説明のために，ある商品に投下された労働価値が，**労働時間**で測ることができるとしよう。つまり，ある商品を生産するために3時間かかったとすれば3時間分の労働価値が商品の中に含まれると考える。商品の生産の計画を始めてから実際に売れるまでの期間，生産に必要な原材料や機械，工場や賃金をまかなうために，資本家は資本（資金）を用意しなければならない。

ある商品の中に含まれる原材料や機械，工場のために支払われた部分を**不変資本**，賃金のために使われた部分を**可変資本**という。マルクスの考えでは，新たな価値を生み出すのは労働だけであり，工場や機械や原材料は価値を生み出さないという意味で不変・可変が冠せられている。ここで不変資本を C，可変資本を V とおくと，**商品価値** W は，

$$W = C + V + M \quad \cdots ①$$

と表すことができる。M は労働によって新たに生み出された価値，**剰余価値**である。剰余価値は，資本家にとって拡大再生産の原資である。資本家は，$M > 0$ を目的として生産活動を行う。ここで価値で測った**利潤率**を r と置くと，

$$r = \frac{M}{C+V} \quad \cdots ②$$

と表される。資本家は，複数ある投資先のうちで，利潤率のより高い生産過程を選んで投資することになる。このうち，

$$\frac{M}{V} \quad \cdots ③$$

は，**剰余価値率**と呼ばれる。労働価値説では，労働以外に剰余価値を生み出すことはできないので，可変資本が労働だけであるとすると，V は労働者に賃金として支払われる部分，M は支払われない部分である。労働者が自分が働いて得た賃金で自分が作り出した財を買うことができ

ないのは，この M の部分が資本家に搾取されているからである。

ここで，価値が，財を生産するために労働が投入された時間で測れるとし，M は**剰余労働時間**，V は**必要労働時間**と名づける。つまり剰余価値率は，

$$剰余価値率 = \frac{剰余労働時間}{必要労働時間} \quad \cdots ④$$

と書ける。技術条件が不変であるとすると，ある財を生産するために必要な労働時間は変わらない。そのため剰余価値率を上げるためには，剰余労働時間を延長する必要がある。しかし，1日は最大で24時間しかないので，労働時間の延長による剰余価値率上昇には限界がある。そのため，**技術条件**を変えて，必要労働時間を短縮する必要がある。そこで現場での生産管理から，社会の教育システム，家族関係までより効率的な生産のために作り替えていく必要がある。マルクスの理論の特徴は，資本制生産が社会のあり様まで決定してしまうことを指摘した点にある。

▶ 利潤率の傾向的低下

競争社会において，各社ともしのぎを削るので，剰余価値率 M/V はやがて同じ率へと収束する。しかし，さらに競争が続くので，各企業は不変資本 C の削減に努めなければならない。特に C/V を**資本の有機的構成**と呼ぶ。

資本家は，できる限り人件費を抑え，より低廉な機械化を進めたいと考えるので，V は C に徐々に置き換えられていく。これを**資本の有機的構成の高度化**という。各企業とも，競争の中で②の分母を低下させて利潤率の拡大を目指す。これは同一産業内の企業間だけでなく，産業間競争にも通じ，社会全体で見てより利潤率の低い産業から，より高い産業へと資本が移動することを意味する。

最終的に各産業間の利潤率は均等化し，資本移動は終了する。そのときに成立している利潤率を**一般利潤率**という。これを R で表すと，

$$R = \frac{M}{C+V} \quad \cdots ⑤$$

となり，このときに成立する社会での一般的な生産価格 P は，

$$P = (1+R)(C+V) \quad \cdots ⑥$$

と表される。

さて，このようにして成立している資本主義社会であるが，一般利潤率 R は不変ではない。利潤率を最大化しようとする場合，賃金を全く払わず，可変資本の部分も100%搾取することが考えられる。つまり，⑤式で V を完全に M に組み入れてしまった状態である。

$$R_{max} = \frac{M+V}{C} \quad \cdots ⑦$$

これが意味するのは，どれだけ搾取を強化したとしても，利潤率には，

$$\frac{M}{C+V} < \frac{M+V}{C} \quad \cdots ⑧$$

という上限がある，ということである。さてここで，分母に可変資本価値と剰余価値という労働への支払い部分と不払い部分を，分子に価値を生み出さない機械や工場，原材料などの不変資本部分を置くと，資本の有機的構成は，

$$\frac{C}{M+V} \quad \cdots ⑨$$

と書き換えることができる。これは⑧の右辺の逆数になっていることがわかるだろう。機械化を進め，新規設備投資を行うと，C の部分が肥大することになる。その場合，⑨全体も大きくなり，その逆数である⑧の右辺は小さくなる。これは，利潤率の上限が，徐々に低下することを意味する。結果として，再生産を支えるための利潤率は傾向的に低下する。

現実社会では，資本家たちは競争に打ち勝つために，労働者の搾取を強化して，剰余価値を絞り出さなければならない。その一方で，再生産過程に資本を投じ，最新型の機械を導入し，工場を増強し，他者を出し抜かなければならない。投資を行い，市場で競争することが資本主義社会の条件だからだ。産業革命以来，そうやって資本主義社会は成長して

きた。

ところが皮肉なことに，競争に打ち勝つためには規模を拡大しながら再投資するというその資本家の努力こそが，長期的には利潤率を再生産が不可能なところまで低下させる原因である。利潤率が低下しすぎてもはや再生産過程を維持できなくなったとき生じるのが，企業倒産の頻発や失業者の急速な増加，すなわち恐慌である。

マルクスは，19世紀後半にそれまで11年間隔だった恐慌の発生間隔が徐々に縮まっていることを観察し，**資本主義社会の崩壊**を予感した。資本主義社会は高度化すれば，その内部にある構造的矛盾により崩壊する。その崩壊期に世界の労働者が団結して立ち上がり，次世代の世界の主導権を握る。それこそがマルクスが考えた革命だったのである。

▶ 利潤率傾向的低下の抑制条件

マルクスは，このような利潤率の傾向的低下にブレーキをかける条件を挙げている。

(1) 労働の搾取度の増強
(2) 労働力の価値以下への賃金の引き下げ
(3) 不変資本の諸要素の低廉化
(4) 相対的過剰人口
(5) 貿易
(6) 株式会社の普及

しかし，(1)・(2)は，利潤率の恒常的な低下を阻止することができないことはすでに見た。(3)は，一時的に，利潤率を回復させるが，競争が続く以上これも長期的には限界がある。

さて，現在の資本主義社会を考える上で特に重要なものが，(4)である。資本家側は，賃金を抑制し，交渉を有利に進めるために常に一定程度の失業者を生み出す。経済が成長し，一方では繁栄した階級があるのに他方では仕事にありつけない人々がいるのは，このためである。だが，これにしろ，後発の資本家が市場に参入するにつれ，労働需要は増加し，賃金が上昇するので，利潤率の低下を阻止することはできない。(5)・

(6) はより大きな市場の開拓とより大きな資本の用意である。だが，それにしても，世界各国で産業革命が進行し，**資本主義国家間の競争**が起きる段階に進めば，いずれにしても一国内と同じ状況になる。利潤率の傾向的低下と資本主義社会の崩壊は，資本主義誕生より運命づけられているとマルクスは考えたのである。

4.4　修正主義論争

19世紀末の共産主義者たちにとって，最大の問題は，いつ労働者革命を起こすべきか，ということにあった。確かに隆盛を極めたイギリスの繁栄も，19世紀末には減速し，フランスなどでも成長速度は鈍りつつあった。しかし，他方で後進資本主義国であるドイツやアメリカは急速に成長し，新たな秩序を形成しつつあった。マルクスは1883年に没したが，その後10年を経ても資本主義国家が崩壊する兆候は見られなかった。

そのような中，エドゥアルト・ベルンシュタイン（Eduard Bernstein, 1850-1932年）の論文「社会主義の諸問題」（"*Probleme des Sozialismus*", 1896-1898年）が発表された。ベルンシュタインは，マルクスの盟友で庇護者でもあったエンゲルスの高弟の一人であったが，ドイツ社会民主党のエルフルト綱領を批判し，依然として革命の物質的条件が整わないことを指摘した。そして，革命よりも現行議会体制の中に社会主義的思想を普及させ，社会主義の理想を実現すべきであると主張した。

この主張は社会民主党内部では，当初こそ比較的好意的に受け入れられたが，「正統派」を自称するマルクス主義者たちの一斉攻撃を受け，ベルンシュタインは「修正主義者」のレッテルを貼られることとなる。特に，ローザ・ルクセンブルク（Rosa Luxemburg, 1871-1919年）とカール・カウツキー（Karl Johann Kautsky, 1854-1938年）の攻撃は熾烈であった。ルクセンブルクは，資本家と労働者の階級間格差を埋めるためには，労働者が自らの手によって社会を形成する革命が不可欠であ

るとし，修正主義者の社会民主党からの放逐を試みた。またカウツキーはあくまで利潤率の傾向的低下を主張した。1903年の社会民主党ドレスデン大会では，修正主義否認の決議が行われる。

　ベルンシュタインの主張は，第一次世界大戦前までは，ドイツにおいて厳しい批判を受けたが，現在における社会民主主義の起源の一つともなった。むしろ，ベルンシュタインを批判したルクセンブルクなどの方が，社会主義者内部の抗争によって粛正されることとなる。ドイツの社会主義は，一方では現在まで続く社会民主主義を生み出したが，他方では民族主義と結びつくことで全体主義的性格を色濃くし，ナチズムの苗床ともなった。

4.5　帝国主義論

　19世紀末から20世紀初頭にかけて，欧米諸国を追って日本が産業革命期に入る。それらの国々では一様に独占，カルテル，コンツェルンの形成，そして保護貿易という政策を採り，さらには政治力と軍事力を背景とした後進国の植民地化にしのぎを削ることになる。

　このような時代背景において，マルクス主義者たちは，帝国主義が資本主義の発展過程の中でどのような位置にあるのかを説明する必要に迫られた。特にその中で傑出したものがヒルファーディングとレーニンによる主張である。

▶ ヒルファーディングの金融資本主義論

　ルドルフ・ヒルファーディング（Rudolf Hilferding, 1877-1941年）は，カウツキーに見いだされ第一次世界大戦後には，財務大臣になり戦後のハイパーインフレーションに対処するための通貨としてレンテンマルクの導入を決定した人物である。ヒルファーディングは，金融制度の資本主義社会での役割を重視した。彼はカルテルやトラストを自由競争からの止揚として捉え，銀行資本と産業資本の結託を，最新の資本主

の本質であると考えた。つまり，銀行と資本家が協調すれば，最初から産業内での独占的な地位を確保できる。

　競争が進み，株式制度により資本が特定の産業に集中し，重工業などに見られる固定資本の巨大化が進めば，マルクスの理論に従うと利潤率は低下するはずであった。しかし，独占が成立した結果，利潤率の低落傾向に歯止めがかかる。さらに産業独占と銀行連合が融合した結果，**金融資本主義**が成立する。

　ヒルファーディングは，保護関税や資本輸出，植民地政策などは，この金融資本による蓄積から生じ，さらなる蓄積を促進するものであると考えた。たとえば，国内市場を他国の独占資本から保護し，利潤率の低下の源泉となる競争を制限するために，金融資本は保護貿易を主張する。しかし，これは他国も保護貿易を行うことによって，保護することの意味が相殺されてしまう。そこで先進資本主義国は後進国に資本輸出を行い，その国の国内市場を興し，需要を喚起する。さらに「ひも付き」で資金を貸し付けることで自国の製品を購入させる。開拓した海外市場が他国の独占資本に侵害されないように植民地化を推し進めることとなる。この際に必要とされる政治力と軍事力，そして経済力が帝国主義を構成するのである。

　ヒルファーディングの議論の特徴は，人や国家ではなく，資本という無国籍の存在の移動を描き出したことにある。その議論は，植民地の運営が非効率であることが認知され，次々と独立した第二次世界大戦後でも依然として説得力を持つ。特に，進展するグローバリゼーションの中で，国際資本が世界中を駆け巡り，大国ですら一国では対処できないほどの規模の投資が常態化した21世紀においてますます重要性を帯びていると言ってもいいだろう。

▶ レーニンの帝国主義論

　ウラジーミル・イリイチ・レーニン（Влади́мир Ильи́ч Ле́нин, 1870-1924年：本名ウリアーノフ）は，ヒルファーディングと同じく，資本主義の成熟段階における金融と産業独占の融合を重視した。しかし，ヒ

ルファーディングとは異なり，金融は産業独占の原因ではなく，むしろ資本蓄積が進んだ結果として，金融と結びつくと考えた。そして迎えることになる資本主義の新局面が帝国主義である。

この段階になると，帝国主義国家による世界の植民地化と市場の分割が起こることになる。しかし，資本主義国間の生産力発展と資本蓄積は不均等なままであり，十分な植民地を確保できなかった諸国から植民地再分割の要求が起こる。レーニンは，その結果として，必然的に帝国主義国家間の軍事衝突が起こると考えたのである。

レーニンの主張は，第一次世界大戦前夜の，イギリス，フランス，ドイツ，ロシア，オーストリアの帝国間で起こった軍拡競争や植民地拡大政策の観察によって裏付けられていた。帝国主義国家による植民地獲得戦争は最終的に第二次世界大戦まで続けられ，この意味でレーニンの観察は正しかったと言わざるをえない。

レーニンは，1917年に史上初めてプロレタリアート革命を成功させ，1922年ソビエト社会主義共和国連邦を建国し，最初の内閣を組織した。それ以来，79年間に渡って社会主義は地球の半分を支配したのである。

4.6 まとめ

マルクス経済学の問題点は，彼以降多くの研究者によって批判されたり修正されたりしてきた。本章で採り上げた利潤率の傾向的低下は，一般均衡理論の枠組み上において，日本人経済学者，柴田敬（1902-1986年）と置塩信雄（1927-2003年）のいわゆる柴田=置塩定理によって数学的に否定された。

利潤率低下の要因は実は資本投資ではなく実質賃金であるが，技術革新が続けば，実質賃金の上昇を相殺できる技術を選ぶ余地が資本家には残され続ける。また，実証的にも特殊なケースを除いて，資本主義社会全体の利潤率が低下する傾向は観察されていない。

マルクスの議論に従えば，資本主義国はその競争の深化の結果として，内部矛盾を露呈し崩壊する。つまり，先進資本主義国ほど，崩壊し社会主義国化する可能性が高いことになる。ところが，実際に社会主義国化したのは発展途上国かせいぜい後進資本主義国でしかなかった。例外的に東ドイツやチェコが社会主義国化したが，これは第二次世界大戦後ソ連によって占領・改革された地だったからである。理論的な問題として他にも，そもそもマルクスのみならず古典派経済学が出発点とした労働価値説の正当化は，理論的にも実証的にもいまだなされていない。特に客観的な価値尺度として，労働価値を用いるという前提が，そもそも労働価値をどのように測るかという問題に決定的な解決が示されていない以上，成り立ちえない。

国家社会主義は1991年のソ連崩壊とともに事実上消滅する。少なくとも1980年代後半の世界状況において，社会主義国家は安定性を示せなかった。現時点では，理性の力を用いて国家を建設・運営するという遠大な計画は失敗したと言わざるをえない。

しかし，マルクスが，資本主義が構造的な問題点を抱えており，それは個人の努力では改善できない格差を生み出すことを論理的に指摘したことは，われわれの社会を多面的に捉える試みの第一歩であった。社会福祉や所得格差，貧困，性差などの問題への関心が，マルクス経済学における研究から生まれた。今なお社会的不正義に対する問題意識の多くが，マルクスを出発点としていると言っていいだろう。

【さらなる学習のために】

今村仁司『マルクス入門』，筑摩書房，2005年。マルクスに関しては，ローザ・ルクセンブルクやカウツキーから，現代の政治家やニュースキャスターまで幅広い執筆者による入門書が大量にある。研究者が書いているもので，今一番手に入りやすいのが，この書だがやや難解。

杉原四郎・佐藤金三郎『マルクス経済学』，有斐閣，1982年。普通のマルクス経済学を理解したいと思うのであれば，教科書として書かれたこの書が便利。これを理解できたなら，『資本論』自体にチャレンジしてもいい。

第 5 章

限界革命

学習のポイント

■古典派経済学と新古典派経済学では，価値論の何が変わったかを確認しよう。
■限界革命トリオは，経済学を科学化する過程で，新理論で何を描こうとしていたのかを考えよう。

5.1　1870年とはどんな時代か

　経済学上の大きな進展が集中した1870年前後は世界各地で産業革命が進んだ時代でもあった。ミレー（Jean-François Millet, 1814-1875年）の「晩鐘」に描かれた田園風景がそこかしこに見られた時代から，都市にエジソンの発明した電灯がともり，電信や電話の普及による情報革命が始まる時代への転換点であった。

　神聖ローマ帝国消滅後，分裂状態にあったドイツ人圏では，1834年に成立したドイツ関税同盟を通じてプロイセン王国が主導権を握る。プロイセン王国では，ビスマルク首相の下，いち早く軍隊の近代化を達成，フランス，オーストリアとの戦争に相次いで勝利した。これは，1871年オーストリアを除いた形でのドイツ帝国成立へとつながる。

　また，1861年にはイタリア王国，1867年にオーストリア＝ハンガリー帝国と相次いで近代的国家が誕生，中欧での覇権争いに名乗りを上げる。フランスは，1870年，ようやく第三共和政の宣言に至るが，翌年にはパリでコミューンの乱が起きる。経済は成長していたが，他方で恐慌も各国で発生していた。

　政治，経済が混乱する一方で，フランス，オランダ，そしてウィーンでは美術や音楽での革新が起こり続ける。バルビゾン派，印象派，分離派などの芸術作品は，今なお人気の高いヨーロッパ最高の遺産である。また，ウィーンでは，後のアインシュタインの相対性理論へとつながる物理学の基礎を，マッハやボルツマンらが作り上げる。メンデル遺伝学，マクスウェルやファラデーの電磁気学の確立と，物理学，生物学で現代へとつながる古典理論が生まれた。

　経済学史上最初の重要な事件はマルクスの『資本論』の刊行であった。この書はリカード派の枠組みを批判的に継承しながら，資本主義社会の一般理論を目指した最初の書であり，その後1世紀を超えて世界で読まれ続けることになる。

　マルクスの活動を見てもわかるように1870年代は，社会主義運動が

活発化した最初の時代であった。資本主義社会の成長の中で，個人のレベルで勝敗が明確になった。経済学者の多くもまたこのような資本主義社会の抱える闇に目を向ける者も多かった。代表的自由論者の一人であるJ. S. ミル（次節）ですら，土地の国有化に関心を示し，協同組合の役割に期待した。

他方で，19世紀後半はビクトリア朝イギリスの全盛期でもあった。植民地はアフリカ，そしてアジアへと拡大，インドはその支配下に置かれ，中国もまたアヘン戦争の後，香港を租借地として差し出すことになる。

成功の果実も失敗の責任も個人に帰せられるとするこの当時の上層中流階級の思想は，サミュエル・スマイルズ（Samuel Smiles, 1812-1904年）の著書『自助論』（*Self-Help*, 1859年）の中の登場人物によって象徴される。ジェントルマンという名称で現される自立し自律的な成年男子たちは，経済的成功を背景に政治力をも手にした。彼らは大英帝国の繁栄の立役者であり，他方で格差社会の一方の象徴でもあった。こうした時代の影響を，経済学もまた色濃く受けることとなる。

5.2　主観的価値論

ジョン・スチュアート・ミル（John Stuart Mill, 1806-1873年）は，その著『経済学原理』（*Principles of Political Economy*, 1848年）の中で，「価値の法則は，今日の著述家，あるいは将来の著述家が究明しなければならないものは幸いにして何も残っていない。この問題に関する理論は完成している」（末永茂喜訳，Ⅲ, 19頁）と述べている。

しかし，このように語ったとき，ミルの念頭にあったのは，アダム・スミス以来の労働価値説であった。労働価値説は，財の中にその価値を決定する要素が内在していると考える客観的価値論である。古典派でも，その財が使用されるときの有用性によって規定される「使用価値」について議論されることもあるが，ある財の使用価値は個人によって異なる

ため，価値尺度になりえないと考えられた。

　アダム・スミスは有名な「水とダイヤモンドのパラドックス」（水は人にとって必須のものだが無料であるが，ダイヤモンドは人の生活に不必要なのに高価である）を示していたが，そこから希少性の概念に到達することはなかった。また，ニコラス・バーボン（Nicholas Unless-Jesus-Christ-Had-Died-For-Thee-Thou-Hadst-Been-Damned Barbon，1640-1698年）やローダデール（James Maitland, 8th Earl of Lauderdale KT PC，1759-1839年），リチャード・ウェイトリー（Richard Whately，1787-1863年），ヘルマン・ゴッセン（Hermann Heinrich Gossen，1810-1858年）といった研究者が古典派の全盛期に効用や希少性の概念を提出しているが，大きな勢力になることはなかった。

　だが，その個人によって異なる財に対する満足感こそ価値の原因であると考えたのが，限界革命期の経済学者たちだった。経済学が対象とするのは市場で売買される商品である。どのような財も市場を通る以上，売り手と買い手の思惑の影響を受ける。もちろん，ある商品に対して大きな満足を感じる者もいれば，ほとんど無関心な者もいるだろう。人の心の内は観察できないし比べることもできない。だが，商品に対して実際に対価を支払ったり受け取ったりして売買したのか，あるいはいくらであれば売ったり買ったりしてもいいと思うかは，具体的に把握できる。

　たとえば，ある人が，ある商品を欲しいと思い，価格を見て納得がいけば購入するだろう。ポイントは実際に売買が成立すれば，それで需要と供給が顕在化するということである。1人だけでなく，そして，数多くの取引が行われれば，その財の平均的な価格が成立しうる。このように考えれば，労働のような別の客観的価値尺度を用いて，財の価値を測りそこから価格を導き出すようなことをしなくても，ただ市場価格が存在するという事実から様々な経済現象を分析することができる。

　1870年前後に登場した新しい経済学は，価値は財の中にあるのではなく，人々の主観によって決定されるとする主観的価値論を前提としていた。個人の内部にある価値評価は，効用（utility）と呼ばれた。主観的価値論が有利だったのは，芸術品や流通業などのサービスのように労

働価値説では説明ができなかった商品の価格の説明ができるようになったことである。限界革命と呼ばれる経済学の中の一連の変革の基礎には，価値論への人の主観の導入があった。

5.3　限界革命の3人の主役

経済学への限界原理の導入は，リカードの地代論の中にはすでに見られ，またゴッセンは今では限界革命の先駆けであると言われる。しかし，彼らの導入した限界原理が経済学に対して大きな影響をもたらすことはなかった。

限界革命は，ほぼ同時期にフランス，イギリス，オーストリアの3つの地域で，互いに他を知らないままに進められた研究によって成し遂げられた。しかし，同じ限界革命トリオとして知られるフランスのレオン・ワルラス（Marie Esprit Léon Walras，図 5.1），イギリスのスタンリー・ジェヴォンズ（William Stanley Jevons，図 5.2），オーストリアのカール・メンガー（Carl Menger，図 5.3）だが，彼らの人生や理論は大きく異なっていた。

図 5.1　レオン・ワルラス（1834-1910 年）

図 5.2　スタンリー・ジェヴォンズ（1835-1882 年）

図 5.3　カール・メンガー（1840-1921 年）

5 限界革命

　ワルラスは，経済学者で数学者であったオーギュスト・ワルラス（Antoine August Walras, 1801-1866年）の子供としてフランスのエヴルーに生まれる。当時のフランスは，パリやリオンで相次いで暴動が起こり，革命や旧体制の復活など政治的には混沌とした状態にあった。鉱山学校を卒業後，新聞記者や鉄道書記などの職を経ながら労働組合運動に参加する。その傍ら，プルードンやサンシモンの社会主義を批判し，土地の国有化と競争の活用を特徴とした市場社会主義を展開した。その後，1870年にスイスのローザンヌ大学で教職を得た。

　ジェヴォンズは，ワルラスの翌年にイギリスのリバプールにて生まれる。当時のリバプールはランカシャー地方で生産された羊毛の加工品の運び出し港として急成長した町であった。リバプールは自由貿易の結果成長した町だったが，ナポレオン戦争後の穀物法による保護貿易の始まりは，リバプールにとって死活問題であった。ジェヴォンズは，ロンドンのユニバーサル・カレッジで数学や論理学を学んだ。大学を中退した後，オーストラリアのシドニーで王立造幣局の分析官として働いたり，気象学を学んで気象予報官を兼業したりしている。シドニーの貧困問題や鉄道の国有化問題を通じて経済学への関心を持ち始める。石炭の採掘可能量が経済成長の制約になることを示した「石炭問題」(1856年)で有名になり，その後経済学の論文を発表，1863年にマンチェスターのオーウェンズ・カレッジのチューター，1866年には論理学・道徳哲学教授と経済学教授を兼任する。成功した上層中流階級の一人として，労働組合運動には批判的であった。

　カール・メンガーは，1840年オーストリア＝ハンガリー帝国のガリツォア（現ポーランド領）で生まれる。メンガーの兄は政治家，弟は法学者である。ウィーン大学からプラーグ大学を経て，1867年にクラカワ大学で学位を取る。在学中よりジャーナリストとして働き始め，「ヴィーナー・ツァイトゥンク」紙では市況欄を担当する。1872年にはウィーン大学の私講師，1876年には皇太子ルドルフの教育係になる。1879年にはウィーン大学の正教授に就任する。この時期になると，オーストリア＝ハンガリー帝国は，学問的，文化的には成熟期に入るが，政治的

には非常に不安定であった。ドイツ帝国との緊張関係は，国内での軍部の発言力を強めることになり，またウィーン市内にはカール・ルエガーやゲオルク・シェーネラーらの反ユダヤ運動が力を持ち始めていた。このような風潮に対して，ウィーン大学は自由の精神を守る最大の拠点であり，メンガーもその中心メンバーだった。

ワルラスのローザンヌ大学でのポジションは，ヴィルフレド・パレート（Vilfredo Frederico Damaso Pareto，1848-1923年）に受け継がれ，ローザンヌ学派と呼ばれる学派を形成する。メンガーの影響は，ヴェーム‐バヴェルク（Eugen von Böhm-Bawerk，1851-1914年）やヴィーザー（Friedrich von Wieser，1851-1926年）らによって継承され，オーストリア学派として後世に伝えられることになる。ジェヴォンズは，47歳で死去したが，彼の業績は，エッジワース（Francis Ysidro Edgeworth，1845-1926年）らの研究とともに，マーシャル（第6章）によって包摂され，第二次世界大戦終結まで，イギリスは世界の経済学研究の中心であった。

5.4　限界効用理論

今では，限界効用理論はミクロ経済学の教科書の最初に登場する議論だが，**限界効用**（marginal utility）の用語は，ヴィーザーの発明であり，1870年代当時は用いられていなかった。3人の限界効用の説明は，少しずつ異なる。

▶ ジェヴォンズの効用理論

ジェヴォンズの効用理論は，他の19世紀の経済学者たちと同じようにイギリスの哲学者ジェレミ・ベンサム（Jeremy Bentham，1748-1832年）の功利主義の影響を大きく受けたものである。

われわれの目的は苦痛は，常に答えの和を快楽の方向に極大ならしめ

ることにあるのであって，この快楽の方向をわれわれは正の方向と呼んでよかろう。この目的を我々はいやしくも結果たる快楽が，蒙る苦痛を超過するようなすべての物を容れ，すべての行動を企てることによって遂げるであろう。（Jevons, 1862：小泉信三他訳, 33頁）

ジェヴォンズは，多少の条件を付けながらも，ベンサムの功利主義をほぼ全面的に受け入れていた。ベンサムは，快楽の追求を人の行動原理として捉え，「最大多数の最大幸福」をもたらす社会体制こそが合理的であることを示そうとした。ジェヴォンズの仕事は，いかに個人の快楽計算とベンサム的功利主義が両立するかを証明することにあった。

　ジェヴォンズを初めとする19世紀の効用理論の研究者の多くとその後の経済学者の違いは，19世紀の研究者の多くが，効用を測定可能なものとして扱ったところにある。つまり，効用は量的概念であり，ある財を1単位消費したときと，2単位消費したときの満足量を比較できると考えたことであった。量的に測ることができるからこそ，限界効用という概念が出てくることになる。

　限界効用とは，ある財を追加で1単位消費したときに得られる満足度の伸びである。たとえば，リンゴを1個全部食べた後で，さらに一切れ追加したときのその一切れ分を食することによって食べた人の満足度がどれだけ改善するだろうか。その一切れをそれまでと変わらず食する人もいれば，満腹感ゆえに満足度の伸びが下がる人もいるだろうし，逆にリンゴはおしまいと思っていたところにさらに一切れ食べられたことで満足度が伸びる人もいるだろう。いずれにしても，この追加の一切れによる満足度の伸びが限界効用なのである。この例を見てもわかるように，限界効用という考え方は，効用が量的なものであることを含んでいる。この問題は，後でもう一度採り上げる。

　いずれにしても，ジェヴォンズは，量的概念であるがゆえに限界効用という考え方にたどり着いた。それではなぜ限界概念を導入したのか。ここにベンサムの「最大多数の最大幸福」を証明しようとしたジェヴォンズの意図があった。このベンサムの主張を証明するためにジェヴォン

ズが用いたのが,古典的な微分学の極大化の概念であった。ある財を消費することによる効用を最大化しようとすれば,財の消費量を少しずつ増やしていって,それによる満足度の伸びがゼロになったときに,増やすのをやめれば全体としての効用はもっとも大きくなっているはずである。

この考え方を物々交換による2財の交換比率と対応させたのがジェヴォンズの功績であった。

交換の全理論および経済学の主要問題の要石は次の命題の中に横たわっている―任意の2財の交換比率は交換完了後に消費に利用しうるこれらの財の最終効用度の比率と反比例するだろう。(前出:95頁)

ジェヴォンズは,ここまで到達しながら効用関数から需要関数を導出することがなく,独自の交換理論へと向かった。これが,現代では,ジェヴォンズがワルラスほど注目されない原因となっている。

結局,ジェヴォンズらは効用を直接測ることはできなかった。この問題点ゆえに基数的効用概念の問題点を解決するためには,ヴィルフレド・パレート,アーヴィング・フィッシャー(Irving Fisher, 1867-1947年)の序数的効用概念の登場を待たなければならなかった。

▶ ワルラスの希少性と交換の理論

ワルラスは,父オーギュストが提示した希少性の概念に基づいて議論を始める。ここでいう希少性は,限界効用とほぼ同義である。ワルラスは,効用理論ではジェヴォンズに先を越されたことを認めながら,それでもあくまで自分の研究はオーギュストの研究を受け継いだものであることを強調する。しかし,オーギュストは希少性を総量として考えていたのに対してワルラスは,最後に追加された1単位,つまり限界概念を導入した点で父より進んでいた。

ワルラスは,希少性の厳密な定義から入る。

物質的または非物質的なもの（ものが物質的であるか非物質的であるかはここでは問題ない）であって希少なもの，すなわち一方においてわれわれにとって効用があり，他方において限られた量しか獲得できないもののすべてを社会的富と呼ぶ。

……私がものが持つ効用というのは，それが何らかの用途に役立つことができるということ，それが何らかの欲望に応えこれを満足することを可能ならしめるということである。(Walras, 1874：久武雅夫訳, 21頁)

ワルラスは，さらに効用について**外延効用**と**強度効用**を定義する。外延効用は，ある財を獲得するために，何かを代償にする必要なくこの商品が消費されるときの効用を表すものである。強度効用は，重要曲線の勾配，すなわち効用曲線の勾配に影響を与えるものである。この用語を使って，ワルラスの効用と交換についての基本概念を見てみよう。

商品Aと商品Bが存在し，ある人が当初商品Bのみを持っているとする。彼は現在の商品Bを誰かと交換して商品Aも持ちたいと考えている。図5.4は縦軸に数量（q），横軸に強度効用（r）がとられている。まず商品Bの効用だけ考えよう。この人が初めて何らかの対価を支払って，商品Bの最小単位であるOq_1を手に入れたとき，そのときに得られる全効用は四角形$Oq_1R'\beta_{r,1}$で表される。つまり，$O\beta_{r,1}$はこの人の最初の状態を決める外延効用，すなわち代償なしで手に入る効用を表している。

この後，消費量をもう一単位q_1q_2だけ増やすと，追加的に得られる効用は，四角形$q_1q_2R''r'$で表される。さらに消費量を同じ一単位q_2q_3だけ増やすと追加的に得られる効用が四角形$q_2q_3R'''r''$…，となる。最終的には$O\beta_{q,1}$まで消費すると，それ以上消費量を増やしても満足度は増加しないことになる。商品の分割可能な最小単位を無限に小さくできるとすると，このときの全効用は$O\beta_{q,1}\beta_{r,1}$で表され，最大化されていることになる。商品の消費によって満足した追加的な欲望の強度を希少性と名付ければ，曲線$\beta_{q,1}\beta_{r,1}$は，消費量の関数として表された希少性を

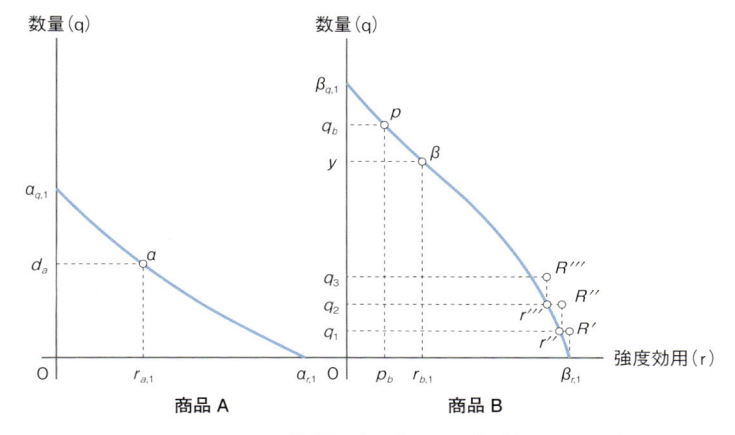

図5.4 ワルラスの効用図（説明のため簡略化してある）

表すことになる。

いまこの人が，商品Bと交換で商品Aを手に入れようと考える。たとえば，図5.4のOyだけ消費し，残りのyq_bだけ商品Aと交換したとする。

その結果，Od_aだけ商品Aが手に入ったとすると，全効用はO$d_a\alpha a_{r,1}$となる。つまり，交換の結果得られる効用は，O$d_a\alpha a_{r,1}$＋O$y\beta\beta_{r,1}$となる。もし，

$$\text{O}d_a\alpha a_{r,1}＋\text{O}y\beta\beta_{r,1}\geq\text{O}q_b p\beta_{r,1} \quad \cdots ①$$

であれば，この交換によってこの人が得られる効用が改善していることになる。効用の最大化を図るのであれば，①の等号が成立するまでyを増加させ，得られるOd_aを増やせばいいことになる。ここから，ワルラスは，商品Bで表した商品Aの価格をp_aとすると，効用が最大化されている場合には，最後の1単位で満足される欲望の強度$r_{a,1}$と$r_{b,1}$の比がp_aと等しくなることを示した。

ワルラスが最初に示したこの2商品間の交換理論における効用曲線は，

エッジワースのボックスダイアグラムを想起させる。これらの記述から，ワルラスはあくまで個人の交換の理論の基礎として，効用理論を位置づけていることがわかる。ワルラスも効用が客観的に測れるとは考えていなかったが，便法とはいえ効用を図式化し，その中で量的図式を示すことで効用の逓減を示そうとしている。

もちろん，ワルラスの理論は，希少性の理論が中心ではなく，ここから導き出される需要関数と技術的な生産関数の議論を経た後，一般均衡理論へと至る。一般均衡理論自体は現代のものと比べると理論的厳密さは劣るが，現代に続く理論という意味では，限界革命トリオの中で一番完成されたものである。

▶ カール・メンガーの効用理論

メンガーは3人の限界革命のトリオの中で唯一数学を用いなかった。そのため，その後の経済学の数学化の中で長らく無視されてきたが，彼の効用理論には他にはない特徴がある。メンガーが数学を用いなかったのは，数学で表現することによって本来主観的な効用概念が客観的なニュアンスをまとってしまうことを嫌ったからである。

メンガーの限界効用に関する考え方は，彼の主著『国民経済学原理』(*Grundsätze der Volkswirtschaftslehre*，1871年) では，いわゆるメンガー表に表されている。だが，メンガー表はいささか解釈が難しいので，その準備段階でメンガー自身がノートに記した三角図表を用いてその意図を明らかにする (図5.5)。縦軸ADは消費量，底辺のAB，ab，a′b′が欲望度（限界効用）である。消費量がADに沿って，増える（下に向かう）と限界効用が徐々に減少し，C点を超えると限界効用はゼロとなる。このときの全効用量はABCで表される。ここで問題となるのは，メンガーはここでの表現はあくまで人の心の中のものであり，客観的に計測可能な数量であると思っているわけではないということである。

メンガーの効用理論の特筆すべき点は，当初より時間の概念を包摂していたことにある。メンガーの効用は基本的には財を消費することに対して，個人が抱く感情である。したがって，通常は最終消費財以外に効

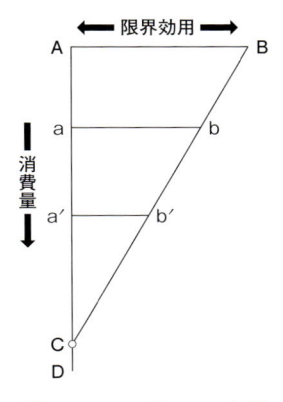

図 5.5 メンガーの三角図

用を感じることがない。しかし，最終生産物の価値が主観的に決まれば，その生産に必要な生産手段や原材料の価値も遡及的に決まっていくことになる。さらにそれらの生産手段や原材料を生産するための財の価値も決まる。このようにして財を生産段階に分け，最終消費財の価値ですべての財の価値を決める考え方は，帰属理論と呼ばれる。当然，これらの生産財は，将来の最終消費財につながることが想像される。つまり，人の選好の中で現在の各財に対する消費の分配だけでなく，現在の消費と将来の消費の関係が問題となるとき，初めて投資という概念が現れることとなる。

メンガーの後を受けたヴェーム-バヴェルクは，帰属理論を応用して独自の資本理論を考案した。これらの資本理論は，オーストリア学派を継承したミーゼス（Ludwig Heinrich Edler von Mises, 1881-1973 年）やハイエク（第 9 章），そして北欧学派のヴィクセル（Johan Gustaf Knut Wicksell, 1851-1926 年），ミュルダール（Karl Gunnar Myrdal, 1898-1987 年）やリンダール（Erik Robert Lindahl, 1891-1960 年）の手により研究され，現在，マクロ動学理論と呼ばれる分野の基礎となっている。

他方で，効用理論への時間の導入は，時間の持つ不確実性という概念へとつながることになる。これはハイエクやモルゲンシュテルンの後継者に影響を与え，特にモルゲンシュテルンは物理学者ノイマンとの出会いによりゲーム理論を創始することになる（第11章）。ワルラスの陰に隠れて限界革命の中での役割は過小評価されることが多いメンガーだが，後世の経済学に与えた影響ではひけを取らなかったのである。

5.5　限界革命トリオの目指したもの

　19世紀末，古典派経済学として形成された経済学は，他方でその科学性を疑問視されるようになった。よく知られるように，19世紀は古典力学やダーウィンの進化論を中心として，宗教やオカルトから科学が分離し始めた時代である。その一つのキーワードが**実証主義**であった。経験的に確認できることを，科学の必須条件とするこの考え方は，やがて科学的なものと非科学的なものを峻別するようになった。古典派経済学の代表であるリカード理論は，形式としては完成しつつあったが，実証性のない机上の空論として，いろいろな方面から批判された。特に，理論経済学者と，社会法則は歴史法則であるとする歴史学派との論争が，ドイツやイギリスなどで繰り広げられたが，決着が着くことはなかった。経験的事実と理論の関係が，実験ができないという経済学の事情もあり，明確ではなかったのである。

　限界革命は，経済学を科学化するという運動の中で起こった。ワルラスやジェヴォンズが数学化を重視し，古典力学の最適化理論を積極的に取り入れたのは，自然科学のアナロジーを借りようとしたためである。他方で，19世紀は統計学の技法の発達とデータの整備が進んだ時期でもあった。ジェヴォンズは，演繹的に構築される精密理論と事象から帰納的に法則を導き出す統計学を経済学の両輪とした。彼は，統計から価格決定の方法を導き出そうという試みも行っている。ジェヴォンズは，シドニーの気象台に勤務している時代より統計学に並々ならぬ関心を寄

せ，マンチェスターに戻ってからも統計を重視し続けたのである。

　幸い，彼らやマーシャルの努力もあって，経済学は科学の装いをまとうことに成功し，非科学のレッテルを貼られることはなかった。だが，他方で19世紀の古典力学の衣をまとった経済学の方向性は完全に決まってしまった。限界革命以来，希少な資源の効率的な配分を目指すことが経済学の役割とする考え方が主流派を占めることになる。これは経済学の考え方と役割をはっきりと示したとともに，経済学を，社会におけるあらゆる問題を最適化問題と捉えてしまう（捉えるしかない）学問としてしまった。特に均衡点が存在するために必要な条件（連続性，凸性など）の数学的仮定は，それが実際の人の行動原理であるかどうかに関わらず，理論の明快さを保証するために導入された。だが，それは結論が前提を決めていることを意味し，解決されない問題としていつまでも残存することとなる。

　だが，これはけっして限界革命の中心人物の意図した方向ではなかった。ワルラスはその社会主義的性向から，彼の一般均衡理論は，社会主義経済の実現可能性を証明するために作られたとする研究者もいる。たとえば，ワルラス理論の中の企業の行動は利潤最大化ではなく，費用の最小化を目指して行動する。これは利潤を求めて行動する自由市場の企業よりも，社会主義の生産当局の方が当てはまる。実際，バローネ（Enrico Barone，1859-1924年）は1908年の論文で，一般均衡理論を用いて社会主義経済の実現のために必要な経済計算の可能性を示し，いわゆる集産主義経済計算論争の口火を切ることになる（第9章9.3）。

　逆に，ジェヴォンズは，理論の中で仮定された他者の影響を受けず，自分の心のうちだけに従って意思決定を行う経済主体に，ビクトリア朝の理想であった自立し自律的なジェントルマンの姿を込めた。将来が不確実な時代のオーストリア゠ハンガリー帝国で生きたメンガーは，自由の大切さを説くと同時に，経済理論の中に国家の役割を組み込むことがしばしば見られた。メンガーの議論では，彼の後継者たちのそれよりもはるかに政府の位置づけが明確なのである。

　限界革命のトリオは経済理論の中に自分の理想を込めた。経済学の科

学化を目指した彼らの理論は，その中立的性格ゆえに近代経済学の基礎を与えたが，他方で彼らの精神もまたオーストリア学派やケンブリッジ学派の人々の中で受け継がれたのである。

5.6 まとめ

　基数的表現としての性格が強かった限界革命トリオの効用理論だが，これはフィッシャーらの手によって序数的効用理論として改変され，その測定可能性の制約を免れたかに見えた。

　ところが，実際に観察できるのは，需要行動だけであり，効用関数を観察することはできない。これに対して，ポール・サミュエルソン（Paul Anthony Samuelson，1915-2009 年）が可能な限り効用概念に寄らない需要関数の導入を試み，最終的にはハウタッカー（Hendrik Samuel Houthakker，1924-2008 年）が，2 回の観察された実際の需要行動が無矛盾であるとすれば，それから需要関数を導けるとする顕示性選好の理論を証明した。これにより，限界効用理論の役割は終わるかに見えたが，実際には，むしろそこから無差別曲線を導出し，それまでの議論との整合性を保っている。また，ゲーム理論では，基数的効用すら復活している。

　近年では，fMRI（functional magnetic resonance imaging）などを用いて，人の脳の働きを直接観察する手法の発達により，神経経済学の実験などで非線形な効用関数の発見なども行われている。だが，新たに発見された効用関数でこれまでの経済理論を書き直すといった試みはいまだ行われていない。その意味で，19 世紀の限界革命時の枠組みが今なお経済学を支配しているということができる。

【さらなる学習のために】

根岸隆『ワルラス経済学入門──「純粋経済学要論」を読む』, 岩波書店, 1985 年。ワルラスの経済学のみに焦点を当てたものだが, おそらく日本で一番深く一般均衡理論に関わった経済学者による解説書。

松嶋敦茂『現代経済学史 1870-1970──競合的パラダイムの展開』, 名古屋大学出版会, 1996 年。専門書だが, おそらく限界革命の本質をもっとも明快に説明した書籍。やや難しいが, 少しずつでも理解して欲しい。

第6章

アルフレッド・マーシャル

学習のポイント

- ■マーシャルがなぜ経済成長を何よりも重視したのかを考えよう。
- ■マーシャルとヴェブレン（第7章）は同じ時代に生き，ともに進化論からの影響を受けたが，全く異なる結論に到達した。両者を比べながら，2人の経済学者の思考の違いを考えてみよう。

6.1　マーシャルの時代

　アルフレッド・マーシャル（Alfred Marshall，図 6.1）が活躍したのは，大英帝国の最盛期から没落期にかけてである。マルクスが観察したように恐慌は頻繁となり，他方で公害が深刻化し，テムズ川とその周辺はほとんど排水溝と化していた。1890 年から 1891 年にかけて最高水準となったイギリスの商業信用は，南米やオーストラリアへの投資が破綻し，急速に 20 年前の水準へと落ち込んでいく。

　マーシャルは当初心理学や倫理学を学んだ。だが，19 世紀中盤から続いていた中・上流階級と労働者階級の格差の拡大は深刻なものとなる。特に，貧困問題は，若きマーシャルをして経済学へと向かわせしめた。そして貧困層の人間性の崩壊による犯罪や貧困者どうしの闘争を目の当たりにしたマーシャルは，経済成長による貧困問題の解決にたどりついたのである。

　他方で，1897 年イギリスでは労働運動が活発化し，その結果として 1871 年世界初の労働組合法が成立した。しかし，これは労働者の地位の確立を意味したわけではなく，その後も政府は労働者の権利を抑圧し，組合活動を弾劾した。1909 年には最低賃金法も成立したが，本格的な権利確立は，第二次世界大戦終結後まで待たなければならなかった。その間に，ビクトリア女王が没し（1901 年），オーストラリア，南アフリカなどの主要な植民地が独立し，英連邦における旧宗主国というより緩やかな紐帯のみ残ることになる。

　19 世紀末のイギリスでは，急進的なマルクス主義的社会主義ではなく，漸進的な改革を通じて資本主義社会の中に社会主義の理想を実現することを目指すグループが力を持ち始める。中でも 1884 年にロンドンで設立されたフェビアン協会（Fabian Society）は，バーナード・ショー（George Bernard Shaw），ウェブ夫妻（Sidney James Webb, Martha Beatrice Webb），ハーバート・ウェルズ（Herbert George Wells）らの知識人をメンバーに要し，強い影響力を持った。マーシャルは，フェビ

図 6.1　アルフレッド・マーシャル
（1842-1924 年）

6.1 マーシャルの時代

アン協会に，精神的には共感しながらも，彼らが方法論を持たないことを批判し，そのサロン的傾向ゆえに距離を置いていた。

19世紀後半の社会科学に大きな影響を与えたのが，古典力学，功利主義，そして進化論であった。古典力学と功利主義の融合は，経済学において限界革命として大きな進歩をもたらした。他方で，進化論と功利主義の結びつきは，「適者生存」という考え方を生み出した。

マーシャルがケンブリッジ大学セントジョーンズ・カレッジに入学する2年前の1859年にダーウィンの『種の起源』（*On the Origin of Species*）が刊行される。神による万物創造を否定するものとして，当初は激しい批判を受けた進化論だったが，次第に受け入れられ生物学以外にも影響を及ぼすようになる。そして，ダーウィン以上に，19世紀後半の進化論普及に力を持ったのはハーバート・スペンサー（Herbert Spencer, 図 6.2）であった。すでに独自の研究から進化論に到達していたスペンサーは，『種の起源』刊行後は，さらに進化論を生物だけでなく，機械の発達や人の精神，倫理，さらには人類史をも通底する原理とした。「適者生存」という言葉は，スペンサーの発明であり，進化に方向性があるとする「進歩」概念を作り出したのもスペンサーである。こうして，ダーウィン自身のものよりスペンサーの手を経た進化論が人文社会科学に広範な影響を与えた。そして，マーシャルもスペンサーの

図 6.2　ハーバート・スペンサー
(1820-1903 年)

影響を受けた一人であった。

　国際的に見れば，イギリスが「世界の工場」を自認した時代は終わり，経済力に関しては徐々にアメリカに追い抜かれつつあったが，他方で，イギリス・ポンドは世界の基軸通貨として，そして世界最大の輸入国，消費国としてその地位を保ち続けた。

　1868 年にケンブリッジ大学の道徳哲学科の講師となったマーシャルは，結婚を機に一時ブリストルのオックスフォード大学ユニバーシティ・カレッジの学長となるが，再び 1885 年ケンブリッジに戻る。その後 1890 年に『経済学原理』(*The Principle of Economics*) を刊行する。その中では，経済学は本来は経済生物学であるべきこと，しかしそこへ至る道として力学的経済学が必要であることが語られた。また，政府の各種委員会の委員も務めた。

　そして，マーシャルは，1903 年ケンブリッジ大学に経済学のトライポス（卒業試験）を導入，『経済学原理』がテキストとして使用され，ケンブリッジ大学は第二次大戦後まで世界の経済学の中心となった。

　マーシャルはその後も熱心に『経済学原理』の改訂に努め，それは第 8 版まで及んだ。残念ながら，マーシャルが「経済学のメッカ」と呼んだ経済生物学は明確な形で世に問われないままであった。しかし，それは後で見るように，累積的に社会が変化していく成長過程であったと思

われる。そして，経済成長が進めば，マーシャルが経済学の道を進むきっかけとなった貧困の問題が解決される。マーシャルは生涯をかけて，いかに自由な社会の中で貧困問題を解決するかを考え続けたのである。「冷静な頭脳と暖かい心」（"Cool head and warm heart"）がマーシャルの信条であった。

マーシャルは 1924 年，82 歳の生涯を閉じる。理論家でありながら，現実の社会との距離を常に縮め，問題を解決するための手段を模索した経済学者であった。

6.2 マーシャルの理論

▶ 部分均衡分析と期間分析

ジェヴォンズは限界効用に基づいた交換理論をもって，生産に重点をおいた古典派経済学の終焉を叫んだ。それに対して，マーシャルは，需要か供給かを論じることは，結局紙を切るのははさみの上の刃か下の刃かを論じるようなものだと述べた。要するに，マーシャルにとって重要だったのは，需要も供給も同じ観点から論じられる理論であり，リカード以来の生産理論をどのように限界革命の文脈で再定義するか，であった。

マーシャルの議論の特徴は，ステップ・バイ・ステップ形式で説明が非常にわかりやすいところにある。その意味で，彼の『経済学原理』は成功した最初の経済学の教科書ということもできる。

加えて，マーシャルの議論は，ワルラスのようなすべての市場が一斉に均衡に到達する一般均衡理論ではなく，一財の需給を論じる部分均衡理論である。特に供給サイドの議論を論じる場合に導入したのが期間分析であった。マーシャルは，説明の手順を「超短期」，「短期」，「長期」，「超長期（趨勢）」の 4 つに分けて論じる。これにより，マーシャルの議論はより明確なものとなっている。

「超短期」とは，供給サイドは需要の変化に対して，何も変えられな

図 6.3　超 短 期

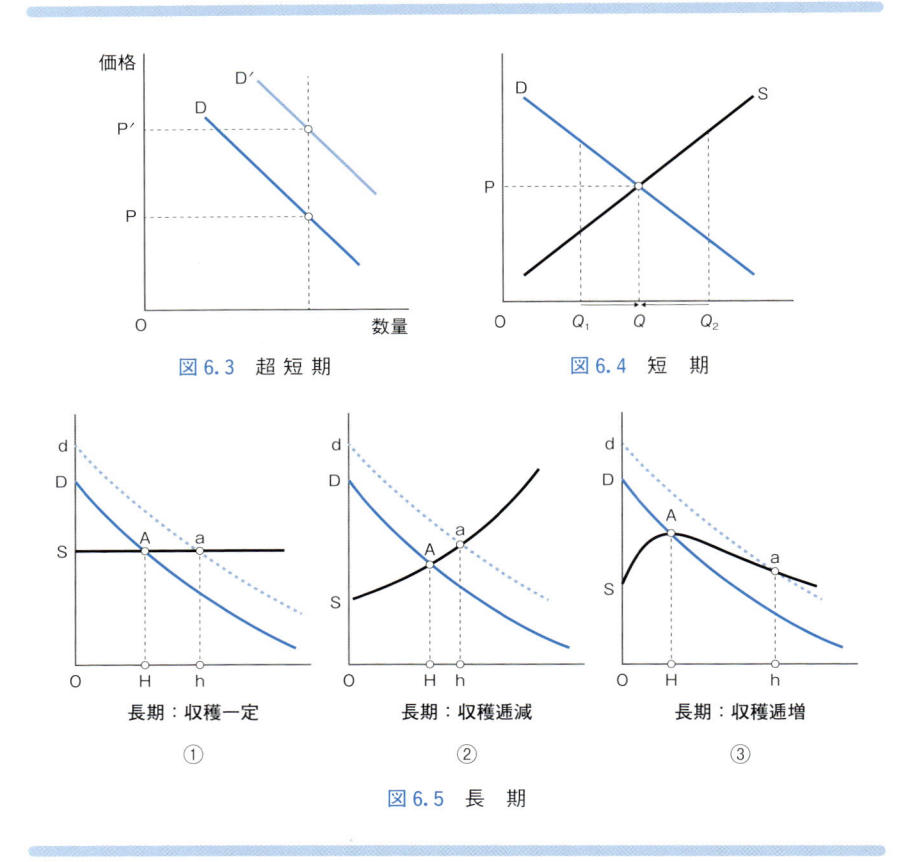

図 6.4　短　期

① 長期：収穫一定

② 長期：収穫逓減

③ 長期：収穫逓増

図 6.5　長　期

い場合である。突然，需要が変化しても供給側は増産も減産もできない。この場合，供給不足か過剰供給が発生し，価格が上昇あるいは下落する（図 6.3。図中，縦軸は価格，横軸は数量を示し，青い太線は需要曲線，黒い太線は供給曲線を示す（図 6.4，図 6.5 も同様））。

「短期」になると，原材料のうち，1 生産ごとにすべて使い尽くされるような原材料である流動資本のみ調整することができる。たとえば，パンを作るときに必要な小麦粉，労働，パン焼き釜の燃料などである。他方で，パン焼き釜や麺棒，工場などの何度も繰り返して使われる生産手段の数量は変化できない。この場合，たとえば図 6.4 で，現在の需要

量，供給量が Q_1 である場合は，供給量・需要量を増やせばいいし，Q_2 にある場合は減らせばいいことになる。

さて，マーシャルの議論の特徴は，「長期」を「収穫一定」，「収穫逓減」，「収穫逓増」の3つに分けたことにある。収穫一定とは，投入に対して産出量が比例して増加する技術がある場合である。供給が非常に弾力的であり，需要に対して供給拡大の技術的制約がない（予算制約はある）。収穫逓減は，投入に対する産出量の伸びが徐々に減少するような技術である。逆に収穫逓増は投入量に対する産出量の伸びが徐々に大きくなるような技術である。大規模生産，広範囲供給が有利というsいわゆる「規模の経済」が働く技術である。

図 6.5 は，それぞれの生産技術から導き出された供給と需要の関係が描かれている。マーシャルはワルラスと違い，価格調整ではなく数量調整で考える。

収穫一定の場合，当初点 H にあった需要が右にシフトし，点 h に移った場合，供給は価格はそのままに点 a まで増加させることができる。この点での総収入は Odah で，総費用は OSah，収益は Sda で表される（図 6.5 ①）。総費用を生産量で割った製品 1 単位当たりの平均費用は変化しない。

収穫逓減であれば，同様に需要量が供給量を上回れば，供給量が増加し，やはり収益が増加する。ところが，この場合，生産が拡大すると徐々に生産の効率性が落ち，1 単位作るときにかかる費用が増加する（図 6.5 ②）。当然，平均費用も増加するので，生産の拡大はどこかで頭打ちとなる。

19 世紀イギリスに生きたマーシャルにとって，もっともなじみが深く現実的であったのは，この収穫逓減型技術を持った企業であった。当時は株式会社が増えつつあったとはいえ，まだ合資会社が主流であり，経営規模も個人経営の企業をそれほど大きく超えたものではなかった。そのため，技術的にも人的にもある程度以上の規模を超えると生産性は低下した。

ところが，収穫逓増の場合，生産量が少ないうちは生産を増やすとコ

ストも急速に増加する。だが点Aを超えるとコストは急速に低下し始める（**図6.5**③）。生産規模を拡大すればするほど，限界費用，平均費用も低下する。

　この収穫逓増の問題を考えるときに重要になるのが，**外部経済**である。マーシャルは経済を内部と外部に分け，個々の企業の努力で改善する要因を**内部経済**，個々の企業の努力では対応することができないあるいは意図せざる要因を外部経済と呼んだ。たとえば他国で起きた技術革新，自社周辺の関連企業の設立，その結果として全体として大きく成長した産業，他国の政変による移民の流入といった要素は，個々の企業レベルでは予測も計画もできないが，企業の成長にとって追い風となる。

　マーシャルの主張で興味深いのは，収穫逓減企業には課税をして市場での淘汰を促し，収穫逓増企業には補助金を与えて成長を加速させよとしているところである。

　成長が頭打ちになっている企業は，大きな技術革新でもしない限り，やがて陳腐化するわけだから資源の無駄を省くためにも課税をして淘汰を進める。逆に収穫逓増企業は，経済全体の成長の原動力にもなるはずだから，政府が補助をする理由がある。これは，政府による市場調整の加速政策である。一見すると無慈悲な市場主義者のように見えるが，マーシャルは能力のない企業家をいつまでも市場に参入させたままにしておいても，資源の無駄遣いと経済成長の鈍化を生じる要因にしかならないと考えていた。その状況を放置することは，ひいては貧困の解決を遅らせることになるのである。

　さて，最後の「超長期（趨勢）」である。マーシャルのこの期に対する定義は明確ではなく，研究者の間でも多くの議論がなされてきた。技術革新や生活水準の改善による労働者の倫理の改善などにより，さらなる成長につながるのがこの超長期である。

　ここまで見たマーシャルの期間分けは，実は実際の時間に対応しているわけではなく，企業家が需要や技術の変化に応じて取りうる調整を段階に分けて示したものである。マーシャルはあくまで複雑な議論を理解する上でのステップとして期間分析を考えており，期間ごとに示された

変化は，実際には常に同時に起こっていると考えられる。超長期の概念もその文脈で理解すべきであろう。

▶ 有機的成長理論と経済生物学

さて具体的に，超長期には経済はどのように成長するのだろうか。マーシャルは経済生物学を「経済学のメッカ」と呼び，現在のミクロ経済学につながる部分均衡分析による力学的経済学をそこに至るまでの道と見なした。しかし，結局経済生物学は明示されないままに終わった。ただし，これに関しては後の研究者によって徐々に明らかにされている。

マーシャルは，社会を有機体と捉え，その成長を論じるときに生物の比喩を良く用いている。有機体は，身体の各器官が個々独立に機能するわけではなく，互いに相互依存しながら盛衰の過程を経る。それは企業間の関係や産業の成長でも同じである。

だが，マーシャルは，単なる比喩として，生物学を持ち込もうとしたわけではなかった。19 世紀に急速に発達した自然科学の 2 つのキーワードが古典力学と進化論だったのである。古典力学は限界革命を通じて経済学の中に取り込まれたが，進化論を導入する動きも盛んであった。第 7 章で採り上げるヴェブレンがその代表だが，マーシャルもまたそれを試みた一人であった。

19 世紀の進化論は，ダーウィン-スペンサーの多様化・複雑化-淘汰の概念とメンデルの遺伝学に代表される。ヴェブレンはその双方を取り込んだが，マーシャルは主に前者のみに注目した。たとえば，長期の理論からの政策的帰結として，マーシャルが課税と補助金を主張したのは，景気変動による自然淘汰を政策的に加速させる人為淘汰が念頭にあったからである。

しかし，それ以上にマーシャルが着目したのは，進歩（progress）という考え方であった。スペンサーは，進化を単に複雑化-淘汰として捉えるのではなく，よりよいものへの変化のプロセスとして主張した。この考え方は，19 世紀末のイギリスの上層中産階級の価値観ひいては帝国主義的な思考と整合性がよかったため，フェビアン協会など富裕層や

知識人に多く受け入れられることとなった。

　マーシャルの議論の中でもっとも進歩主義的と思えるのが，**有機的成長論**である。これは，貧困層でも経済成長すれば，子供に教育を施す機会が増える。教育を施された子供が成長すれば，所得も増えるし，自分の子供にも自分が受けた以上の教育を施そうとするだろう。そうすれば，生産性も上がるうえに，さらに人々の所得が上がる，とするものである。マーシャルは，人間性を一つの資源と見なし，その向上の基礎条件として生活水準の向上を挙げ，逆に労働者の倫理観の改善を生産性の向上の条件と見なした。

　マーシャルは，オックスフォード大学学長時代，イングランド北部を中心とした各種工場や銅鉱山の調査を行っている。これらの研究から，彼は，熟練労働者と非熟練労働者を区別する。マーシャルは，非熟練労働者の生活の惨めさを痛感しながら，彼らの仕事が雑用に過ぎないこと，そして低賃金と失業という不安定さから来る不安にさらされていることなどを観察した。その上で，非熟練労働者が教養と洗練さに欠けているため，紳士的性格を形成する可能性がないことを問題視したのである。

　非熟練労働者は「宗教的な幸福ささえも妨げる種類の貧困」の中にあり，自由を満喫し希望を持ち変化するために必要な余暇の獲得ができない。これは，単に労働者の倫理問題というだけでなく，資本，土地，労働の生産の三要素のうち，金融革新や土地の改良という資本と土地の革新に加えて，労働の革新という意味も持っていた。したがって，労働者に読書や芸術を鑑賞する時間を与え人間性の改善に努めることは経済成長の必要条件でもあった。

　そして，生産技術の革新を引き起こし，生産の三要素を結合して，成長へとつなげるのが企業者である。マーシャルは企業者も，革新的な企業者と守旧的な企業者に分ける。前者は失敗のリスクもあるが，成功すると現状よりはるかに大きな利益を得ることができる。そして，革新的企業家の多くが備えており，また備えなければならない要素が，**経済的騎士道**である。経済的騎士道について，マーシャルは次のように説明する。

戦争における騎士道が，君主や，国家や，十字軍の問題に対する非利己的な忠誠を含むのと同じように，実業における騎士道もまた公共的な精神を含んでおります。しかしそれは高貴で，困難な事柄を，それが高貴で困難であるゆえに行うことに喜びを見出すことも含んでおります。……それは安価な勝利に対する軽蔑の念を含み，助けを必要とする人々を援助することを喜ぶ心を含んでおります。それは途上で得られる利益を軽蔑しませんが，善戦によって得られる戦利品を，またトーナメントの賞金を，それが証明する成果のために主として評価し，それが市場で，貨幣によって評価される価値に対しては，副次的にしか評価しない戦士のすぐれた自負心を蔵しております。(Marshall, 1907：永澤越郎訳, 139 頁)

このようにマーシャルは労働者のみならず企業者あるいは産業の頂点にいる人々にも精神的成長を求めたのである。企業者が経済的騎士道に目覚めさえすれば，資本主義社会に起きている様々な害悪を抑制し，富裕層の富をもって貧困を解決できると考えた。

欧米社会にはメセナの文化があり，マーシャルが勤めたケンブリッジ大学もまた多くの富裕層の寄付によって作られた大学である。成功した富裕層が，何らかの社会貢献を行うということは，日頃から見られることでもあった。言い換えれば，マーシャルは上流階級の持つ「幸運な生まれの者の負うべき義務」(noblesse oblige) を新しい時代の指導者である企業家たちにも求めたのである。

この考え方は，成功した産業企業者による社会貢献を，顕示的消費の一つと呼んだヴェブレンとは，正反対であり興味深い。ヴェブレンは，マーシャルの力学的経済学の辛辣な批判者であったことは知られているが，他方で同じく進化論に影響を受けた生物学的経済学の帰結にも厳しい批判の目を向けた。ヴェブレンが産業の総帥（有閑階級）に資本主義社会の救いのなさを見たのに対して，マーシャルは，その中に希望を見いだしたのである。

6.3 まとめ

　マーシャルは基本的には自由主義者である。しかし，社会主義者たちの「社会福祉に対する骨の折れる私心のない献身」には深い敬意を表していた。それでもいわゆる中央計画に基づいた国家社会主義が成功するとは考えていなかった。マーシャルはあくまで市場経済の中で利害が必ずしも一致しないにも関わらず，精神的成長を遂げた企業者と労働者が協力し合いながら社会を発展させることを望んでいた。

　マーシャルは「経済学は富の研究であるとともに，人間の研究の一部である」と定義した。彼は「経済的価値」と「非経済的価値」がともに重要でかつ両者が分かちがたく発達すると考えたのである。彼は，人々の衣食が足りたならば，その次はより社会的価値の高いものを獲得するべきであるとする。数の多さや見た目の壮大さなどよりも，美の増大を求め，低い報酬で受け取る労働で作られた稚拙な財やサービスを多く買うような生活よりも，高い報酬を受け取る労働で作られた質の高い財やサービスを少しばかり手に入れることに価値を見いだすような人々が増えれば，よりよい社会になると，マーシャルは考えたのである。

【さらなる学習のために】

根井雅弘『二十世紀の経済学――古典から現代へ』，講談社，1995年。マーシャルからケインズに至るまでのイギリス経済学を中心とした議論を概観できる。ケインズ革命をマーシャルに対する反逆として捉えている。

伊藤宣広『現代経済学の誕生――ケンブリッジ学派の系譜』，中央公論新社，2006年。根井雅弘の弟子でありながら，マーシャルとケインズの関係を真逆と捉えている。マーシャルに始まるケンブリッジ学派の延長にケインズ革命を捉えている。

第7章

ソーステイン・ヴェブレン

学習のポイント

- ■現在の主流派経済学の代替案としての進化論的経済学を理解する。
- ■金融資本による市場支配という構造は，資本主義がグローバル化した今でも変わらない。他方で，金融資本の経済への関わり方はヴェブレンの時代とは大きく異なっている部分もある。金融資本の位置づけや役割を考えて，われわれの住む社会の理解を深めよう。

7.1 ヴェブレンの生きた時代

▶ ヴェブレンと 19 世紀後半のアメリカ経済

ソースティン・ブンデ・ヴェブレン（Thorstein Bunde Veblen, 図7.1）は 1857 年，アメリカのウィスコンシン州カトータウンシップに生まれ，1929 年カリフォルニアで没した。ヴェブレンが生きた時代は，ちょうどアメリカの大転換期であった。1776 年にイギリスからの独立を果たしたアメリカは，ヨーロッパからの移民を大量に受け入れ，北米大陸の開拓を進めた。ヴェブレンの父もそうした移民の一人であった。

当時のアメリカは，独立 13 州を中心とした比較的裕福で文化度が高いと考えられていたアメリカ東部，開拓の進行と共に西へとフロンティアを広げていく西部という構造と，五大湖周辺に勃興した工業を主要産業とする北部と広大な大地を利用してプランテーション経営を中核とする南部という構造の二重の対称構造を持っていた。

大量に流入する移民は，都市部の労働者の平均賃金を下落させた。南部では，黒人奴隷を投入して従来型のプランテーションを経営し，農産物の大規模生産が行われた。北部の企業は工業製品の販路の拡大を南部に求めたが，すでに奴隷労働に基づいた労働集約的な生産構造を構築していた南部の富裕者層はこれを受け入れなかった。

方向を転じ，海外植民地の獲得にも乗り出し，中国進出の足がかりとして，日本にペリーらが寄港，これがやがて明治維新へとつながる。だが，後発資本主義国であったアメリカは，せいぜい北アメリカ大陸内での領土の拡大が限界で，アジアに新たな植民地を獲得する余地はほとんどなく，20 世紀に入ってフィリピンと太平洋のいくつかの小島をアメリカの主権の下に置くのがせいぜいであった。

そのような中で勃発したのが，南北戦争である。この内戦の原因は，基本的には国際的な競争優位性がある南部諸州が自由貿易を主張し，先進国イギリスからの工業品輸入が止まっている中で成長した北部工業都市は保護貿易を主張したこと等の経済的側面が強い。特に 1860 年に北

図 7.1　ソーステイン・ブンデ・ヴェブレン
(1857-1929 年)

7.1 ヴェブレンの生きた時代

部のエイブラハム・リンカーン（Abraham Lincoln，在任 1861-1865 年）が大統領に就任すると対立は表面化する。奴隷廃止論者であったリンカーンが，政策を実行に移すと，労働集約的な産業である農業に依拠した南部では，自分たちの経済基盤が破壊される危険性があったからである。

　そして，南北戦争における北軍の勝利は，アメリカが本格的な産業革命と経済成長期に向かう号砲でもあった。1871 年には 42 万トンに過ぎず，イギリスの半分以下であった石炭生産も 1900 年には 245 万トンで，225 万トンのイギリスを追い越し，さらに 1913 年までにイギリスの 2 倍近い 571 万トンまで成長する。鉄鋼生産量においては，1880 年で 30 万トンでイギリスの半分でしかなかった生産量は，1890 年にはイギリスに肩を並べ，1900 年にはイギリスの 2 倍以上の 1000 万トンの生産を誇るまでになったのである。南北戦争終結後の 50 年間でアメリカは，イギリスを抜き完全に世界の工場となったのである（図 7.2）。

▶ 事業成功者による大学の設立

　その急速な成長過程の上で登場したのが，巨大企業である。南北戦争で巨額の利益を上げた火薬メーカー，デュポンは，本格的に化学・薬品そして軍事などの分野に活動の範囲を広げる。1870 年にロックフェラ

ー（John Davison Rockefeller, Sr, 1839-1937 年）はスタンダード・オイルを設立，アメリカ産の石油の 90% を牛耳るまでに成長する。劇的な製品品質の向上を可能にしたベッセマー法をアメリカの鉄鋼会社はいち早く導入，北軍を支援していたカーネギー（Andrew Carnegie, 1835

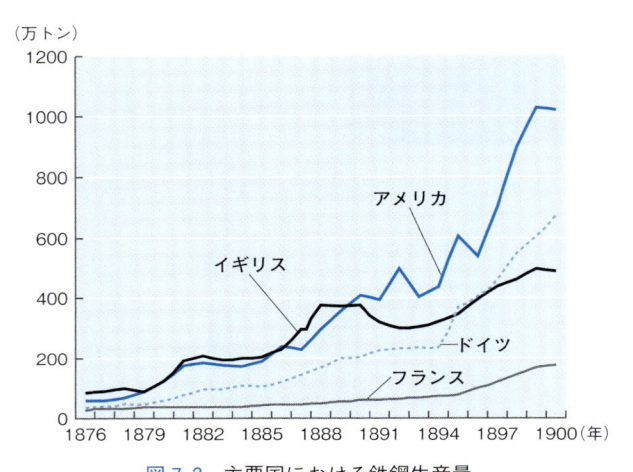

図 7.2　主要国における鉄鋼生産量
（U. S. Industrial コミッションより作成）

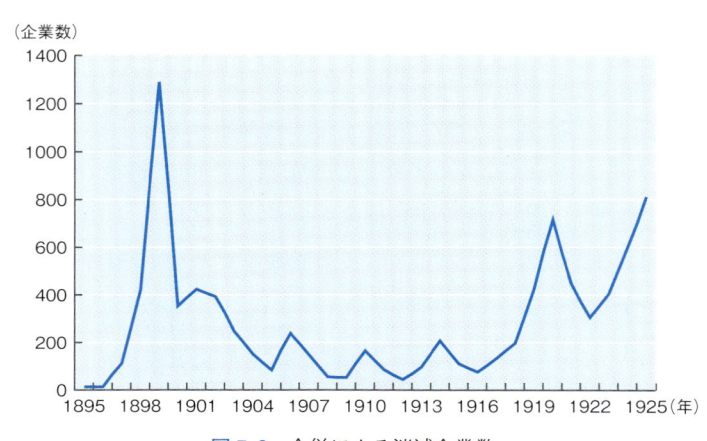

図 7.3　合併による消滅企業数
（鈴木圭介他編著『アメリカ経済史』，1972 より作成）

-1919年）は，後に鉄鋼産業をリードする。

　成功した起業家たちは，成金のそしりをかわすため，競って大学を設立する。セントラルパシフィック鉄道の創始者リーランド・スタンフォード（Amasa Leland Stanford, 1824-1893年）はスタンフォード大学（1891年），ロックフェラー財閥のジョン・ロックフェラーは，シカゴ大学（1890年），ボルチモアの実業家ジョンズ・ホプキンス（Johns Hopkins, 1795-1873年）の遺産を用いてジョンズ・ホプキンス大学（1876年），鉄鋼王アンドリュー・カーネギーは，カーネギー技術学校（1900年，後のカーネギー・メロン大学）を設立している。これらの大学はいずれも現在は世界のトップレベルの大学であるが，設立当初は他大学からの教員の強引な引き抜きや創設者一族の恣意的な経営ゆえに，非常に評判が悪かったという。ヴェブレンは，研究者人生のほとんどの時期をこれらの私立大学で過ごした。そして，その組織人としての生涯はけっして恵まれたものではなかった。

　急激に成長する資本主義国家アメリカ。これこそが，ヴェブレンが直接対峙した対象であった。ヴェブレンの経済学は，現代社会にも通じる普遍的な教訓を含んでいると同時に，当時のアメリカの経済社会についての詳細な分析でもある。

7.2　進化論と経済学

　ヴェブレンの経済学は，彼の独創性が強いものであるが，それでもプラグマティズムやカント哲学，歴史主義，進化論といった先行するいくつかの学問に影響を受けている。中でも，進化論は功利主義と並んで，19世紀の社会科学者に大きな影響を与えた。

▶ ダーウィン・スペンサー・ゴールトン：進化論の誕生と発展

　進化論に関する19世紀の最大のトピックは，チャールズ・ダーウィン（第3章3.2）の『種の起源』（1859年）の刊行である。詳細な分類

学の伝統の上に築かれた自然選択理論は，発見こそはアルフレッド・ラッセル・ウォレス（Alfred Russel Wallace，1823-1913 年）とほぼ同時であったが，その社会的な影響力はダーウィンの方がはるかに大きかった。ダーウィンの考えは，単に生物学上の一発見に留まらず，ヨーロッパ社会においてキリスト教信仰と科学を分かつ大きなきっかけとなったからである。『聖書』では，神の万物創世を語るが，進化論は現存する生物種が，この世にその先祖が登場したときのままの姿ではないことを示す。ダーウィンの理論は，信仰を重視する側からの激しい批判を受けることになる。キリスト教からの科学の乖離は，17 世紀頃からすでに進んでいたが，19 世紀になると，自然科学だけでなく社会科学の分野でも顕著になる。フランスの哲学者，オーギュスト・コント（Isidore Auguste Marie François Xavier Comte，1798-1857 年）は，科学の本質を，経験によって基礎づけられるかどうかとする実証主義を主張する。このコントの主張は，経験を伴うことができない神学や形而上学を科学の範疇から切り離すことに成功した。ダーウィンの進化論も，地質学や博物学における観察の蓄積をうまく説明できるからこそ説得力を持ったのである。

　さらに，ハーバード・スペンサー（第 6 章 6.1）の登場は，ダーウィニズムの社会への応用を決定的なものとした。スペンサーは，生物のみならず，工具や社会システムが，単純なものから複雑なものへと転化していくと考え，より後に生まれたものが以前のものよりも高度であると指摘した。スペンサーは「適者生存」という言葉の発明者でもあり，スペンサーの思想の中には，自然選択の中で生き残ったものがより優秀であるという意味が含まれていた。世界は，より良い方向へと向かっているとするこの考えは進歩主義あるいは定向的進化と呼ばれる。

　スペンサーの進歩主義は，19 世紀のヨーロッパ社会では受け入れやすい考え方であった。特に市場における競争を中心として成長してきた産業社会では，その考え方は経験と合致していたし，そこで成功し，勝ち残ってきた人々にとって，自らの立場を正当化してくれる思想だったのである。

ダーウィンの進化論は，スペンサーのような自由放任主義を擁護する考え方へとつながった一方で，全く正反対の考え方も生み出した。ダーウィンの又従兄弟であるフランシス・ゴールトン（Francis Galton, 1822-1911 年）は，統計学の分野では平均値や正規分布の理論の発展に貢献した。だが，彼の独自の研究では，平均から大きく外れた存在である天才は，代を重ねることに平均的な人々の間に埋没してしまう。彼はこの考えの中から，天才（の家系）は保護されるべきと考えた。彼の思想は優生学と呼ばれ，「優秀な人々の保護」と「劣った人々の排除」という思想は排外主義などと結びつく。さらにナチス・ドイツなどに影響を与えユダヤ人やマイノリティの虐殺の原因ともなった。さらに世界各国の優生保護法は 1990 年代まで残存することになる。

　しかし，本来のダーウィンの進化論は，淘汰から生き残ったものが優秀であるとか，淘汰されたものが劣っていたといった意味は含まれない。むしろ，生物種の多様性と置かれた環境への適応力の強さ，生物のほとんどの要素は淘汰に対して中立的で，ある特定の要因のみが，ある環境下での群れとしての生存を分ける基準となることを示していたに過ぎない。むしろ，生存に対して後付け的な説明をつけるのは功利主義が進化論と結びついた結果であろう。

　ヴェブレンはそのような時代にあって，比較的正しく進化論を理解した社会科学者の一人である。もちろん彼の議論の中には，本能論のような時代の制約を受けたものもあるが，その構造と結論はきわめて的確であった。

7.3　ヴェブレンの社会理論

▶「もの作り本能」と「競争心」

　ヴェブレンの社会理論の特徴は，議論の出発点に 2 つの「本能」という根源的な行動原理を置くところにある。一つは，人々の生存に役立つ発明や工夫を尊重する「もの作り本能」（instinct of workmanship），も

う一つは集団内で自分の序列を確定しようとする「競争心」(emulation) である。ヴェブレンは人類の歴史は，この2つの本能の発現の仕方で形作られてきたとする。実は，本能論は，19世紀の生物学では頻繁に論じられたものであったが，その定義に曖昧な部分が多く，ヴェブレンが『有閑階級の理論』(*The Theory of Leisure Class*, 1899年) を発表した頃にはすでにやや時代遅れの概念となりつつあった。ヴェブレン自身もそのことを知ってはいたが，実際の現象をうまく説明するための作業仮説として本能論を受け入れた。その上で，本能論はさらなる研究の中で，深く掘り下げられるべきであると考えたのである。

▶ 4つの歴史段階

ヴェブレンは，人類の歴史を，未開時代，野蛮時代，半平和愛好的な略奪段階，平和愛好的産業段階の4つに分ける。未開時代は，資源に対して人口が少なく，生存のための争いが激しくない時代である。このような時代においては，自分たちの生活条件を少しでも改善するような工夫が重視された。言い換えれば，もの作り本能がもっとも純粋に発揮された時代である。小グループでの共同生産が基本となる。

もの作り本能の発揮の結果，食料生産性が上がり人口が増加し，社会が拡大すると徐々に競争心が発揮されるようになる。つまり，社会の中で，自分の地位を確認し，少しでもそれを引き上げようとする試みがなされる。自分の社会的地位を示すために使われるのが所有物である。ヴェブレンは，「所有の起源について」("Beginning of Ownership", 1898年) という小論の中で，所有が基本的に他者からの略奪に由来すること，そして所有の対象の最たるものが，女性であったことを示した。ヴェブレンは時代ごとに理想とされる女性像が，そのような女性を所有する男性（父や夫）の社会的・経済的な力を誇示するという観点から暗黙のうちに決められてきたとする。この野蛮時代と呼ばれる段階では，もの作り本能は純粋に衣食住の改善に向けられるのではなく，武器の開発などにも向けられるようになる。競争心は，一層拡大し，他国を侵略し領土を拡大することや他者から略奪することで富を築くことが，賞賛される

ような時代となる。洋の東西を問わず，封建制の時代にはこの傾向が見られたことは確かであろう。

さらに技術が発達し生産性が上った時代になると，必ずしも物理的な暴力的手段によらなくても略奪が可能になる。つまり，安く買って高く売る，という商業を用いればその差額の分だけ他者から奪うことができる。この段階は暴力を用いないという意味で，「平和愛好的」と呼ばれるが，商才を利用して相手から略奪していることに変わりない。特に貿易が拡大するにつれ，強国による弱国からの，宗主国による植民地からの収奪は，一方では，暴力的方法で，他方では，非暴力的方法で行われることになる。そのようにして富を蓄えたことにより，国家の成長は次の段階に入ることになる。

▶ 顕示的消費と有閑階級

産業革命期を経て，資本制生産が常態化した結果，人々のもの作り本能は工業化の進展を支える。しかし，市場における過剰競争とそれが原因の恐慌の発生は，勝ち残る者と負ける者を明確化し，敗者は強者の中にのみ込まれていく。こうして，巨大資本による産業の独占状態が成立する。この段階において，自己の地位を誇示するために物理的な暴力を利用する必要がなくなっている。その代わり，地位を示すための消費，生存とは何の関係もない消費が行われる。これを**顕示的消費**という。これは，他者に見せることを目的とし，単なる財・サービスへの需要とは異なり，文化や政治などを含めた社会を構成するあらゆる分野の中で現れる。

そして，産業界の頂点にある人々は，生きるための労働から解放されているという意味で，**有閑階級**と呼ばれる。有閑階級の顕示的消費は，社会の他の構成員（有閑階級より下の人々）の見本となる。たとえば，言葉遣い，衣装や礼儀作法，ブランドといったものは，生命の維持とはかけ離れた行為であるにも関わらず，人々はこれらを規範とし，これを見習うように行動する。ところが，有閑階級以外の追従集団に属する人々は，生命を維持するための労働から自由であるわけではない。人々

は，そのままでは所得が足りず，自分の地位を少しでも高く見せるための顕示的消費ができないため，一層もの作り本能に基づいて労働者として働き続けることとなる。しかし，このようにして，人々が熱心に働けば働くほど，それは序列を強化し，有閑階級を利することになる。

　この時代になると，競争心がもの作り本能を圧倒し，支配してしまう。これらは，本能によって発するものであるから，人々はすべての行為を意識しているとは限らない。特に有閑階級の顕示的消費は，その時代ごとの，価値観や道徳，美意識などの基準となるので，人々はそれを疑わないばかりか，良いもの，善いことの規範としてむしろ積極的に従おうとする。逆に言えば，それらの基準から離れることは，非倫理的，不道徳あるいは反社会的なものと見なされる。ヴェブレンは，このように時代ごとに人々の思考を支配する様式を「制度」と呼んだ。この制度は，一般的な法律や政策的な仕組みを指す狭義の制度とは異なり，人々の意識の中に組み込まれ行動を規定することによって，社会のあり方，成り立ちを決める意識と社会ルールの関係を指す概念である。20世紀末に認知科学の発展によりようやく実証されるようになってきたこのメカニズムを100年も早く構想していたことは，ヴェブレンの洞察力の鋭さを示している。

7.4　ビッグビジネスの支配する産業社会

　ヴェブレンの目的は，社会階級の特性を示すことだけでなく，現代へと続く資本主義社会の構造を明らかにすることにあった。資本主義とは，生産や商売を始める際に必要な資金（資本）を何らかの形で，外部からあらかじめ用意しておくということである。たとえば，生産者本人が自己資金で始められる規模は，どれだけ裕福な人でも範囲が限られるだろう。しかし，これが銀行から資金が借り入れられたり，会社を1人のものではなく，数人から数百，数千人の所有物にできたりするとしたら，集められる資金は膨大なものとなる。当然，それに基づいた生産や取引

図 7.4　アールデコの代表的建築物であるエンパイアーステートビル

も巨大になる。

　ところが，外部の資金が生産の規模を決定できるとすると，必然的に資金提供者の立場が強くなる。ヴェブレンが生きた時代に急成長した金融機関を頂点としたピラミッド型産業構造（コンツェルン）は，初期の資本主義経済が到達した一つの形であった。有閑階級とは，これらのコンツェルンの総帥であり，経済のみならず政治や文化のあり方にまで影響を及ぼすことができる人々である。このようにして作り上げられた産業集団をヴェブレンはビッグビジネスと呼んだ。

　ビッグビジネスは，もはや利益を上げるために必ずしもの作り本能を必要としない。いわゆる広告や宣伝あるいは売り込み営業などを通じて，消費者にモノを買わせるようになるからである（セールスマンシップ）。セールスマンシップが発揮されると，欲望自体が人々の自発的な意思によるようにみえて，実は企業側の経営計画によって形作られるようになる。ヴェブレンが活躍した19世紀末から20世紀初頭にかけては，ポスターなどの宣伝手法が普及し，また工業デザインという考え方が生まれた時代でもあった。たとえば，1910年代頃から流行し始めたアールデコ（Art Déco）と呼ばれる芸術様式は，芸術と消費社会の融合という側面もあった。しかし，それも大量生産に向かないことがわかると，

今度はそれを時代遅れのものとして，より直線的で生産しやすいデザインがその後の主流となった。

さらに，ビッグビジネスは，その財力や指導力を国家の運営に用いるようになる。不況期に景気の対策を行い企業倒産を防いだり，労働者の賃上げや解雇反対闘争を鎮圧するために警察や軍を動員したりする。つまり，政府は，経済成長を第一の目標に据え，そのために人々から税金を集め，ビッグビジネスの支配する社会を守ろうとする。必要があれば，海外の植民地の確保に乗り出し，他国との戦争に踏み切ることもある。このようにビッグビジネスと一体化した「ビジネスの政府」は，巨大財閥の支配体制の維持を目的とする。

ヴェブレンの「ビジネスの政府」概念の背景には，19世紀に台頭した後発の国民国家が，富国強兵を掲げ産業革命を政策として推進したことと関連を持っている。後発国では政府が積極的に産業を興し，海外の技術を導入していくことで，それ以前のイギリスやフランスでの産業革命と比べるとはるかに急速な経済成長を促した。しかし，その過程が急速であればあるほど，成功するグループと置き去りにされるグループの格差が明確になる。他方で，成長した資本主義国は，成功したグループがその成功を維持するために積極的に経済政策を主導しようとした。

それはまた国内のみならず，他国との競争の中でも続けられた。19世紀から20世紀初頭は，台頭する国家間の競争が人類史上もっとも激しかった時代でもあり，その結果が第一次世界大戦であった。

7.5　恒久的平和に向けて

ヴェブレンの社会理論の特徴は，スミスやマーシャルの経済学の持つ自由主義的性格を批判し，経済の成長が必ずしもわれわれの社会が抱える問題を解決しないことを明らかにしている点にある。第6章でみたように，一般的に自由主義経済学は，資本主義社会の成長過程で格差や貧困などの問題が発生することを認めながらも，それらは，社会全体が豊

かになることで解決される，と考える傾向にある。ところが，ヴェブレンの主張は，人の中に競争心があり，他の人々との差をつけることを求める本能が働く限り，経済成長は格差を固定することはあっても，それを解消することはないということである。

その結果，ヴェブレンは，営利原則や，既得権，価格，そして不在者所有こそが，恒久的平和の障害であると考えていた。結局のところ，現代資本主義社会の基礎であるこれらの制度こそが，人類を世界大戦に追い込んだのである。もし，人々が争いのない世界を望むのであれば，資本主義社会の基礎を全部放棄せざるをえない。

社会構造が，人が生物としての発展の過程の中で獲得してきた本能であり，社会がもの作り本能と競争心の2つの遺伝的要素の表現型であるとすると，人為的改革の結果作り出された社会もまたその時代に支配的な思考の様式に縛られてしまう。そのため，理想的な世界を実現するためには，できる限り競争心よりももの作り本能が発揮される社会制度を少しずつ作り上げていくことが必要である。彼の晩年期に進行しつつあったロシア革命に，ヴェブレンは資本主義とは異なる可能性を見いだしたようである。

だが，ヴェブレンは，この動きはロシアのような後進農業国家だからこそありえたとも考えていた。たとえば，成長した資本主義国家であるアメリカでは，人々はすでに営利企業と不在者所有制度に慣れていて，今さらそれを放棄することはできないと見ている。このヴェブレンの視点に，マルクスの資本主義はその成長の結果崩壊する（つまり，先進資本主義国ほど内部矛盾を露呈しやすい）という考えや，世界中での革命を考えていた他の社会主義者たちとも大きく異なる現実観察力に基づいている。他方で，ヴェブレンの主張がどこか，ニヒリスティックに感じられる部分でもある。

7.6 まとめ

　ヴェブレンは，当時勢いを拡大しつつあったマーシャルの理論経済学を批判し，現実の社会を歴史的経緯から説明できる社会理論の構築を目指した。ただし，ヴェブレンが目指したのは，単に歴史的事実を書き連ねることはなく，人間の行動原理から現実の社会を説明できる理論の完成であった。マーシャルの経済理論が，当時の先端科学であった古典力学に基づいていたのに対して，ヴェブレンの社会理論は，もう一つの先端科学であった生物進化論を参照しながら作り上げられている。

　ヴェブレンは，急速に成長しつつあったアメリカ資本主義社会の中に生まれ，彼自身ビッグビジネスの作り出す大波に翻弄されながら生涯を送った。しかし，その大波の中に彼自身がいたからこそ，抽象的になりがちな理論研究が現実の説明力を失わずにすんだとも言える。

　本能論自体は，20世紀初頭には生物学の中でもあまり論じられなくなり，遺伝子研究が進んだ現在では，この概念に依拠して論じる必要性は少ない。だが，社会科学において，特に東西冷戦終結後，巨大資本が国境を越えて世界中を駆け巡る現在，「もの作り本能」と「競争心」という2つの本能を出発点において，社会を考えることは思考実験として大きな意味を持つだろう。

【さらなる学習のために】

稲上毅『ヴェブレンとその時代――いかに生き，いかに思案したか』，新曜社，2013年。ヴェブレンの人生と業績の研究のうち，現在日本で読めるものの中でもっとも包括的かつ最新の研究成果である。

高哲男『ヴェブレン研究』，ミネルヴァ書房，1991年。ヴェブレンの理論を正確に理解したいという人向けの研究書。ヴェブレンが単なる経済学者ではなく，人間の裏側にあるものまで見つめていたことがわかる。

第8章

ジョン・メイナード・ケインズ

学習のポイント
- ■ケインズの資本主義観を理解する。
- ■不況期の財政政策(公共投資,減税)と金融政策(貨幣供給の増加)の基本的構造を理解する。
- ■国家が国民の幸福に対して責任を持つという考え方が登場した背景をつかむ。

8.1　ケインズの生きた時代

▶ ヘゲモニーの転換点と戦争の意味の変化

　1901年にビクトリア女王が死去したとき，イギリスは既に絶頂期を超えていた。南アフリカの植民地化をめぐるボーア戦争にからくも勝利したが，それに要した膨大な出費は，アジアへの影響力拡大のブレーキとなった。その南アフリカも1910年に独立，1901年に独立したオーストラリアなどと合わせて，英連邦を構成するようになる。他方で，台頭するドイツやロシアそしてアメリカとの国際競争が顕在化，国際市場における相対的なシェアを低下させつつあった（図8.1）。

　世界に先駆けて産業革命を達成したイギリスは，19世紀末には他国と比べて経済成長率が低下し，投資先としての魅力を喪失していた。イギリス国内の資本はもっぱら急成長する海外に向けられイギリスは世界最大の債権国となっていた。これは他方で国内の技術革新や生産性の向上の速度が他国と比べて遅く，設備更新も進まなかったことを意味し，徐々にイギリス産業の優位性を喪失させていった。

　その衰退を加速させたのが両大戦とその間の不況期であった。人類史のほとんどを占める戦争は領土獲得戦争である。それは本国の割譲・征服や，植民地の獲得を目的としたものだった。第一次世界大戦（1914-1918年）は，最後の植民地獲得戦争であると言える。それに対して，第二次世界大戦（1939-1945年）は領土獲得戦争として始まったが，終戦時に新たな植民地を獲得した国はほとんどなかったという意味で人類史における戦争のあり方の転換点であった。むしろ，第二次世界大戦はアジア・アフリカにおいて植民地の独立の引き金となった。

　植民地インドの喪失は，世界経済の舞台からのイギリスの退場の象徴となった。第一次世界大戦後には，モンロー主義に基づき世界経済の主導権を取ることを忌避したアメリカだったが，第二次世界大戦後は西側の盟主として新世界秩序形成のための主導権確保に積極的に乗り出す。

　戦争のあり方の変貌は，国際関係の変化でもある。第一次世界大戦後

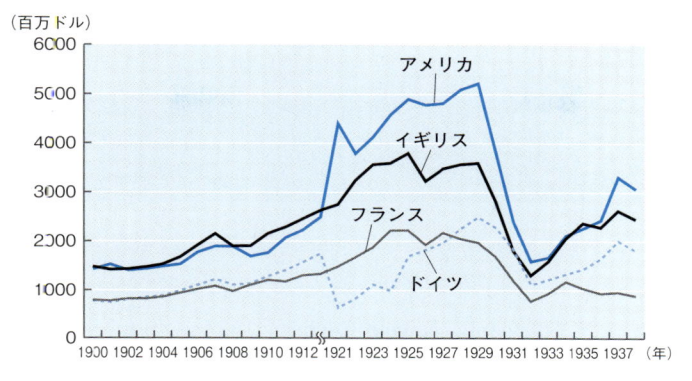

図 8.1 貿易輸出額の推移
(United Nation Static Division International Trade Statistics 1900-1960 より作成)

の国際連盟の創設，第二次世界大戦後の北大西洋条約機構，ワルシャワ条約機構等，さらにはEUの設立へとつながる流れは，それまでの一国主義ではもはや複雑な国際問題を解決できないことを示していた。ケインズの反対を押し切り，アメリカ経済を頼みとして構築されたブレトンウッズ体制は，1971年のニクソン大統領による金ドル交換停止により終わりを告げた。超大国の力を持ってすらもはや世界経済秩序は維持できなかったのである。ケインズはこのような世界の動きを完全に予見していた経済学者であった。

国家と国民の関係の変化

後述するように，ケインズの『一般理論』は不況期における政府の役割を初めて明示的に理論化した書であるということができる。しかし，国家が国民の生活に対して何らかの責任を持つという考え方は，人類史の中では一般的なものではなかった。18世紀までの主流な体制であった封建制に置いては，国家と国民の関係は支配-従属であり，部分的な例外はあったとしても，国民の幸福が国家の政策目標であったことはない。市民革命と産業革命を経て19世紀に成立した国民国家において，

初めてその構成員が国家を形成し，中核を担っているという意識が誕生したのである。

8.2　ケインズの略歴

ケインズ（John Maynard Keynes，図 8.2）は 1883 年イギリス・ケンブリッジ市にて，ケンブリッジ大学の経済学者であったジョン・ネヴィル・ケインズ（John Neville Keynes，1852-1949 年）とケンブリッジ市長を務めたこともあるフローレンス・エイダ・ケインズ（Florence Ada Keynes，1861-1958 年）の長男として生まれた。1905 年にケンブリッジ大学を卒業して，翌年インド省に入るがそこでの仕事にはほとんど興味がなく，いつも学位論文を引き出しの中に入れてこっそりと執筆していたという。この論文は，後に『確率論』（*A Treatise on Probability*，1920 年）という名で刊行される。

ケインズが，世に知られるようになったのが，第一次世界大戦の戦後処理を決めるヴェルサイユ講和会議（1919 年）であった。ケインズはイギリス代表団の一員として参加するが，敗戦国から賠償金をむしり取ることにしか興味がない代表団に嫌気がさし帰国してしまう。そしてその講和条約の問題点を示した『平和の経済的帰結』（*The economic consequences of the peace*，1919 年）を発表，多額の賠償金を取り立てることが結局はイギリス製品の国際競争の条件を悪化させ，イギリス経済のためにならないことを指摘した。

ケインズは，今でこそ現実の経済政策への影響力が強い経済学者として知られているが，彼が生前に行った多くの提言は無視，黙殺されている。その一つがヴェルサイユ講和会議の批判であるが，その次に問題となったのが，イギリスの金本位制復帰であった。

1925 年，大蔵大臣ウィンストン・チャーチル（Sir Winston Leonard Spencer-Churchill，1874-1965 年）は，戦時中停止されていた金本位制への復帰を画策した。これは当時の基軸通貨国として，自国の貨幣の強

図 8.2　ジョン・メイナード・ケインズ
(1883-1946 年)

8.2 ケインズの略歴

さを守るという意味があったが，問題は戦前と同じ交換率（金 1 オンス＝1 ポンド 17 シリング 10 ペンス半）で復帰しようとしたことにあった。

もしイギリスの経済力が他国（たとえばアメリカ）と比較して戦前と代わらない場合は，この交換率は問題を生じない。しかし，イギリスの経済力がアメリカと比べて相対的に低下している場合，つまり，1 ポンドで買える商品と 1 ドルで買える商品の価値の比率がポンドの方が低くなっている場合，イギリスのみが戦前と同じ比率で金本位制に復帰すると，ポンドが実力に比して過剰に評価されていることになる。当然，アメリカはポンドを手に入れると，すぐさま金と交換すればそれだけで利益を上げることができた。

実際，ケインズの制止を振り切って金本位制に復帰するとイギリスから大量の金が国外へ流出することになった。また，実力に比して強すぎるポンドは，イギリスの輸出商品を割高にし，国際競争力を著しく低下させることとなった。それによりイギリスは輸出産業を中心に大きな影響を受けることになる（図 8.3）。

ケインズの危惧したように第一次世界大戦の後の戦後処理の失敗は，安定した国際経済システムを確立することを困難にした。もっとも深刻な国の一つであったのは，戦勝国であったはずのイギリスであった。この困難に対して，1932 年 10 月 15 日付けの「タイムズ」紙に，マクレ

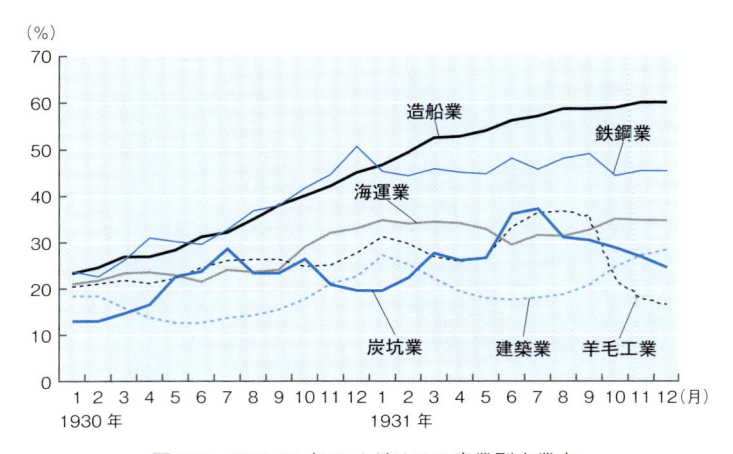

図 8.3　1930-31 年のイギリスの産業別失業率
（イギリス労働省「金本位制停止後の英国財界」より作成）

　ガー（David Hutchison MacGregor, 1877-1953 年）やピグー（Arthur Cecil Pigou, 1877-1959 年）と共に，ケインズは財政投資の増加を主張する論説を発表する。しかし，またもやチャーチルはこの提言を無視した。イギリスがもっとも栄えた 19 世紀以来の自由主義の伝統がこの背後にあるのは確かだが，それを理論的に支えたのもまた経済学であった。ケンブリッジにおける経済学を確立したマーシャルの経済学は，その中心だったし，マーシャル経済学に批判的であったライオネル・ロビンズ（Lionel Charles Robbins, 1898-1984 年）やフリードリッヒ・ハイエク（次章）を擁したロンドン・スクール・オブ・エコノミクス（London School of Economics：LSE）もまた財政出動に否定的であった。このような経済学界を見て，ケインズは経済学自体の改革が必要であると痛感する。

　1930 年代の初頭には，ケインズは既に従来の経済学の限界を認識していた。そして，その結果として生み出されたのが，1936 年に発表された『雇用・利子および貨幣の一般理論』（*The general theory of employment, interest, and money*，以下『一般理論』）である。従来の経済学と

は異なる前提に基づき，初めて公共事業の役割を明示化し，さらに，労働者側の原因によらない失業が存在することを指摘したケインズの新理論は，若い経済学者の間には瞬く間に広がったが，やはりイギリス政府に大々的に注目されることはなかった。むしろ，失業対策として，大規模な公共工事が実践されたのは，アメリカ，ドイツであったが，これらの国の政策でさえケインズの『一般理論』の直接的な影響によるものではなかった。

　この中で戦後の大沈滞期からいち早く抜け出したドイツは，ナチス党の指導の下，第二次世界大戦を引き起こす。このような状況において，ケインズは，参戦することのできないアメリカに対して資金援助とレンドリース（有償貸与）の交渉を担当し，Battle of Britain（ドイツ軍空襲との戦い）を支えた。

　ドイツとの戦争にほぼ決着がついた 1944 年，ケインズは戦後の国際金融体制を考えるためのブレトンウッズ会議にイギリス代表として参加する。アメリカの経済力を基礎とした「パックス・アメリカーナ」の一環としての国際金融体制を考えるアメリカのハリー・デクスター・ホワイト（Harry Dexter White，1892-1948 年）の案に対して，ケインズは国際決済同盟と決済通貨バンコール（Bancor）による一国の経済力によらない案を提案した。ケインズの提案は，第一次世界大戦後の基軸通貨国としてのイギリスの沈滞が，保護主義やブロック経済を引き起こしたこと，そしてそれが第二次世界体制の勃発を引き起こしたことに対する反省が基礎にはあった。しかし，ここでもケインズの提案は通ることはなく，ホワイト案を中心としたブレトンウッズ体制が発足する。戦後のソビエト連邦との対立まで視野に入れたアメリカの世界戦略の中でその方が都合が良かったからである。

　1946 年 4 月 21 日ケインズは，妻や母親と久々の休暇に山歩きを楽しんだ直後に，持病の心臓病を悪化させ死去する。noblesse oblige（幸運な生まれの者の負うべき義務）をまっとうした人生であった。

8.3 『雇用・利子および貨幣の一般理論』

『一般理論』が発表される前のケインズは，優秀で有名ではあるが，特段傑出した業績のある経済学者ではなかった。最初の経済理論の著作である『貨幣論』(*A treatise on money*, 1930年) は，当時の経済学の様々な要素を詰め込んではいるが，不完全であり，それゆえ多くの批判にさらされた。そして，ケインズ自身がその最大の批判者であり，1931年から32年にかけて行われたハイエクとの論争中においては，「そのほとんどを今では信じていない」と突然，議論を投げ出してしまう。

しかし，それは当時既にケインズが経済学の本質的な改革のためのプランを考え始めていたためであった。そして，それが形になったのが，『一般理論』である。

▶労働市場

ケインズが当時のイギリスを襲った大不況を説明するために，まず否定しなければならなかったのは，失業の発生原因を労働者側に求める学説であった。つまり，失業が存在するのは，安い賃金では働きたくないと考える労働者が存在するためであり，これはある意味「自発的」に失業しているとする考え方である。これは，2つの公準からなるとケインズは主張する（古典派の公準）。

(1) 賃金は労働の［価値］限界生産物に等しい
(2) 一定の労働量が雇用されている場合，賃金の効用はその雇用量の限界不効用に等しい。

(Keynes, 1936：塩野谷祐一訳，5頁)

(1) は，企業が労働を需要しているときには，支払った賃金とその追加的労働によって生み出される商品の価値が等しいことを意味する。(2) は，労働者（家計）が労働を供給するときには，受け取る賃金とその財

を作るための苦労が同じであることを意味する。

ケインズは，(1) はともかく (2) は正しくないと考えた。(2) が正しいとすると，労働者は，賃金が働くことによる苦労を下回ると，働くのをやめることになる。つまり，社会での実際の雇用量は，賃金を挟んで，その賃金で労働者を雇いたいと考える企業と，その賃金で働いてもいいと考える労働者の，互いの思惑が一致している場合である。もし失業者がいるとすれば，それは，その賃金では働きたくないと考える労働者がいるからである。このような失業者を自発的失業者と呼ぶ。

ケインズは，このような自発的失業論では，働きたくても職が見つからない失業者があふれていた 1920-30 年代のイギリスの実情を説明できないと考えた。労働市場で実際に雇用されている数には，労働者の意志は反映されていないのではないか。まず，ケインズが疑念を挟んだのがこの古典派の労働市場であった。

ケインズは，労働者が，「賃金の効用」と労働の「限界不効用」を知っているという仮定に疑念を抱く。賃金の効用は，単なる名目額ではなく，その名目額の賃金でどれだけの商品が買えるか（実質賃金）に依存する。同じ名目額の賃金でも，インフレだと実質賃金は低下し，デフレだと上昇する。しかし，今まである名目賃金で働いていた労働者が，インフレで生活費が上昇したからといってすぐに仕事をやめるようなことはないし，そもそも労働者が実質賃金を把握できるかどうかが不明である。特に大量の失業者がいる場合，労働者にとって，どんな賃金でも無収入よりはましである。反対に企業は労働市場に働きたい労働者がたくさんいるわけだから，雇用量を増やしても，完全雇用点までは，賃金を増やす必要がない。むしろ，どの水準で雇用し賃金を支払うかは，雇用者である企業側の都合によって決まる，というのがケインズの考えであった。つまり，ケインズの考えた労働市場では，労働者に雇用量の決定権はなく，そのため働きたくでも働けない非自発的失業が存在することになるのである。

▶ 金融市場と財市場

　それでは，不況の原因は企業の都合なのだろうか。これは半分正しく，半分正しくない。企業は，どんな条件の下でも利益をできる限り大きくしようとする。つまり，利益を増加できる限り，理由なく生産を拡大しない，ということはない。企業は，財やサービスを生産する場合，資金を投じて，機械や土地，建物や工場，原材料を調達し，労働者を雇用する。

　ケインズ以前の経済学では，資金の調達量と利子率は，主に家計による貯蓄と企業の投資計画によって決定されると考えられていた。つまり，金融市場では，供給者である家計と需要者である企業が利子率をにらみながらどれだけ貯蓄し，投資するかを決めているわけである。であるから，労働市場で賃金が低下すれば，家計は貯蓄量を減らすので利子率が上昇し，企業は生産を低下させる。しかし，生産が低下すれば，さらに賃金が下がり，資金需要も減るので利子が下がるので，企業はその結果，生産にかかる費用（利子と賃金）が下がるので，利潤が上がる。それは企業にとっては，生産を拡大し，雇用を増やす誘因となる。このように市場には自己調節機能があると考えるのが，ケインズ以前の経済学の特徴であった。

　ところが，金融市場への貨幣の供給者は，実際には家計だけではない。金融機関は信用創造を行って，預金量の何倍もの資金を供給している。したがって，経済全体で見ると，貨幣供給量は，政府の政策的決定に依存すると考えてよい。

　他方で，貨幣の需要側を考えてみよう。もちろん，供給された資金は，一部は生産のために投資される。しかし，それ以外にも個人や企業は，資産を運用して利益を得ようとする。資産を運用して利益を上げることを考える場合，問題となるのが将来予測である。

　一度購入したら，将来に渡って同じ利子を得ることができうる債券に対して，預金の金利や株価などは絶えず上下する。資金を運用しようとする個人や企業は，現在だけでなく将来の株価や利子率，さらにはインフレ率などを予測しながら，投資する資産の選択を行わなければならない。

また，同じ資産でも普通預金や株式であれば比較的現金に変えることが容易だが，土地などの不動産であればその転換は容易ではない。この現金への変えやすさを<u>流動性</u>という。財やサービスの売買の最終的な決済は，現金で行われるから，人々は，日々の経済活動を行う上で，ある程度の流動性を持たなければならない。投資家たちは，この流動性を考慮しながら将来を予測し，利益が少しでも上がる資産選択をしなければならない。金融市場での貨幣需要は，企業の投資や家計の消費のためのもの（取引需要）だけでなく，このような人々の資産選択としての貨幣需要（投機的需要）が加わることとなる。

　つまり，ケインズが想定する金融市場では，政府の貨幣政策が大きく影響する貨幣供給と，企業の投資と人々の資産選択に左右される貨幣需要によって，市中に流れる貨幣量と利子率が決定されることとなる。経済全体の所得が増えると，取引需要による貨幣需要が増加する。市中の貨幣量が変わらない場合は，投機的需要が減少することになるので，債券価格が減少し，利子率が上昇する。経済全体の所得を横軸，利子率を縦軸に取れば，貨幣市場の需要と供給を表す曲線は右上がりになる（LM曲線）。

　これに対して，生産物が取引される財市場では，人々の消費，貯蓄および生産が問題となる。まず，需要側を考えよう。国全体で考えた場合，家計が受け取った所得は，消費か貯蓄のどちらかに二分される。つまり，ここで，消費は所得，貯蓄は利子率によって影響を受けるので，

　　国民所得 ＝ 消費(国民所得) ＋ 貯蓄(利子率)　…(1)

である。

　他方で，企業が，生産したものは消費財か投資財（生産財）のいずれかである。生産に要した費用は，最終的には誰かの所得となっている。そして，その所得に基づいた経済全体の需要は，消費財か投資財に向けられることになる。つまり，

　　国民所得 ＝ 消費(国民所得) ＋ 投資(利子率)　…(2)

となる。ここでもやはり消費は所得，投資は利子率によって左右される。消費財が生産された場合でも，売れ残り在庫品となった場合は，在庫投資と考える。言い換えれば，生産された財は，実際に消費された分，売れ残った分（在庫），何度も使われる分（耐久財）のいずれかに分けられ，後二者が投資に分類される。(1)・(2) から，

$$貯蓄(利子率) = 投資(利子率) \quad \cdots (3)$$

が導かれる。つまり，ケインズの定義では，貯蓄は常に投資に等しいことになる。利子率が高くなれば，貯蓄は促進されるが，利子コストが増加するので投資は減り，所得も減少する。逆の場合は，貯蓄が減り，投資が増え，所得も増加する。つまり，貯蓄と投資の一致として描かれる曲線は，利子率を縦軸，所得を横軸に取ると右下がりの曲線となる（IS曲線）。

▶ 生産規模を決定する要因

さて，それでは，経済全体での財・サービスの供給水準はどこに決まるだろうか。財・サービスを供給する各企業は，金融市場で調達した資金をもとに，利潤を最大化するように，生産要素を調達し労働者を雇用することになる。また，金融市場で資金を調達する限り，企業の生産は，金融市場での貨幣需要の状況によって左右されることになる。

これを図 8.4 の IS-LM 図を使って説明してみよう。消費や投資が増えると，IS 曲線が右に，減ると左に移動する。また貨幣供給量が増加すると，LM 曲線は右に，減少すると左に移動する。したがって，不景気のときは消費や投資が減って，IS 曲線が左にシフトしていることがわかる。

(1)・(2) は，民間の行動だけを表したものだが，これに政府の活動が入ると，

$$国民所得 = 消費(国民所得 - 税金) + 貯蓄(利子率) \quad \cdots (1)'$$

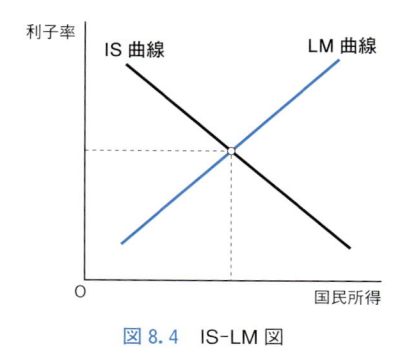

図 8.4　IS-LM 図

国民所得 ＝ 消費(国民所得 － 税金) ＋ 民間投資(利子率)
　　　　　＋ 公共投資　　…(2)′

と書き換えることができ，

貯蓄(利子率) ＝ 民間投資(利子率) ＋ 公共投資　　…(3)′

となる。これは，公共投資や減税が行われると IS 曲線が右に移動し，国民所得を増加させることを意味する。

　ここで示した IS-LM 図を用いた説明は，ケインズ自身のものではなく，『一般理論』刊行後の 1937 年，イギリスの経済学者ヒックス (John Hicks, 1904-1989 年) が「ケインズ氏と古典派」("Mr. Keynes and the Classics : A Suggested Simplification") の中で『一般理論』の説明として用いたものであった。IS-LM 図を用いた分析はケインズ理論をわかりやすく説明しているものとして長年用いられてきた反面，ケインズ自身の経済観を見えなくしてしまうことが指摘されてきた。IS-LM 図は，労働市場に不均衡を残したまま，財市場と金融市場での需給が均衡してしまうことを表しているが，均衡論はすべての要素が同時に決まる理論的装置である。

　それに対して，ケインズは，金融市場で，生産活動に従事しない人々，

つまり資産の運用で利潤を稼ぎ出す金利生活者の行動が，財市場での生産量を決定し，それが労働市場での雇用量を決定するという因果関係を説明することを意図していた。言い換えれば，ケインズは，金融市場での人々の利益追求行動が，生産や消費などの実物経済を支配していることへの批判をこの理論体系の中に込めたのである。大量の失業が存在するのは，金融市場と財市場が，労働市場の不均衡をそのままにして，均衡してしまうことに原因がある。したがって，失業の解消には金融市場での貨幣供給量の増加か，財市場での需要の増加が必要となる。それが労働の需要量を増やし，国民所得を引き上げる。

ところが，不況期には，自己防衛のために家計は消費を減らし，企業は投資を手控える。個々の経済主体は，生き残るために最善の選択をしているのに，その選択こそが国全体の景気の悪化を加速させる。そこで短期的な経済的利害にとらわれず，鳥瞰的に行動する政府の活動が必要となる。

▶ 政府の役割

さて，人々が所得の一部を消費し，残りを貯蓄に回すとする。つまり，所得が増加すると消費は増加するのだが，消費は所得の増加ほどには増えないのである。ここで，所得のうちの c_1 だけ消費されるとすると（$0<c_1<1$），国民全体の消費は，

消費 $= c_0 + c_1 \times$（国民所得 − 税金）　…(4)

と書ける。c_0 は，たとえその年に所得がなくても貯蓄の取り崩しなどで最低限消費される分である。(4) を (2)′ に代入すると，

国民所得 $= c_0 + c_1 \times$（国民所得 − 税金）
　　　　　 $+$ 民間投資(利子率) $+$ 公共投資

国民所得 $= 1/c_1 \times (c_0 +$ 民間投資(利子率)
　　　　　 $+$ 公共投資 $- c_1 \times$ 税金)　…(5)

が得られる。ここで，$1/c_1$ が1より大きいことに注意すると，民間投資，公共投資，税金の減少は，その増加分以上に国民所得を増やすことがわかる。また，税金は係数 c_1 がかかっているため，公共投資と同じ金額の減税を行っても，国民所得を押し上げる効果（乗数効果）は公共投資よりも小さいことになる。

このように，不況期に，自己防御のために，家計が消費を，企業が新規投資を減らしている場合には，政府が公共投資か，減税を行って，人々の所得を増加させる必要があることがわかる。

ケインズの『一般理論』の政策上の功績は，不況期の公共事業や減税の効果を初めて理論的に説明したところにある。もちろん，ケインズ理論を開放経済に拡大したマンデルモデルでは，変動相場制の下では，不況期の公共事業実施に伴う国債の追加発行が，長期金利を押し上げ，これが外国通貨に対する自国通貨の価値を押し上げるため，輸出に不利に働き，結果として現実の財政赤字による公共投資が国民所得を押し下げる可能性があることが示されている。その意味で，『一般理論』の政策的含意は，時代的制約から自由ではないが，その理論的基礎は，現在においても十分通用する議論である。

▶ 美人投票

『一般理論』全体が，生産者や消費者からみた投機家批判ともなっているが，そのことがはっきりと現れたのが，第12章「長期期待の状態」である。ここでケインズは一つのたとえ話を用いて株式市場での投資家の行動を表現している。新聞紙上で行われている美人コンテストがある。この美人コンテストでは読者が，複数名の候補者から1人を選び投票を行う。そして優勝した候補者に投票した読者に商品が与えられる。ところが，このコンテストの場合，自分が一番美人だと思う候補者を選ぶより，優勝する候補者，すなわち他の人が選ぶ候補者を探し出すことが，商品獲得の重要な要素となる。この場合，人々の平均的な好みを知ることが必要だが，その前に何が平均的な好みなのかをさらに知らなければならない。このような構造の美人コンテストでは，すべての投票者

は安定的な投票先を見つけ出すことはできない。

　この議論は現代の株式市場の本質を突いている。つまり，現代の株式市場では，どの企業が長期的に成長するかということよりも，むしろ，どの企業の株価が上昇するか，つまり他の投資家がどの株式を購入するかを予測しなければならない。この場合，企業の将来性や技術力，経営の健全性といったものを評価するよりも，むしろほとんどの投資家が他の投資家，特に有力な投資家がどの株式を購入するかを注視し，慣習にしたがって行動することしかできない。

　このような長期的な不確実性の下では，多くの人は何かの時のための現金（流動性）を用意しなければならない。そのため，長期的な不確実性の存在が，人々を短期的にも過剰な量の貨幣を求めさせる傾向へと駆り立てる。将来の見通しが立ちにくく，得てして悲観的な予測を持ちやすい不況期では，人々は流動性の高い資産を過剰に所有することになる。このように，現在のみならず将来の経済状態についての人々の心理まで考慮に入れたこともまたケインズの特徴であった。

8.4　マクロ経済政策という考え方

　『一般理論』は，刊行されると同時に，若い世代の経済学者たちを瞬く間に魅了していった。もちろん，ケインズ理論は，突然現れたわけではなく，彼が放棄したと主張する『貨幣論』や，ケンブリッジ大学の同僚であったリチャード・カーン（Richard Kahn, 1905-1989年）やジョーン・ロビンソン（Joan Robinson, 1903-1983年），オックスフォード大学のロイ・ハロッド（Roy Harrod, 1900-1978年）らとの議論の中で登場したものである。だが，当時国民経済学と呼ばれた理論体系は，数多くの概念が乱立し，議論のための共通のプラットフォームが確立されていたとは言いがたかった。また，その多くは経済構造を考えるための道具に過ぎず，実証研究と突き合わせることができるような形ではなかった。その状況に統一的な枠組を与えたことがケインズの貢献だろう。

そして，『一般理論』の登場後，経済政策の方法が大きく変わることになる。統計的に把握された経済の「健康状態」に対して，金融と財政の両方から政府が干渉する方法が明確になった。特に，国家が戦争以外で積極的に借金を行い，資金を調達して回らなくなった経済を刺激するという考え方は，世界恐慌と同時期に停滞する資本主義諸国を尻目に成立・成長していた社会主義国家への対抗案ともなった。戦後，世界は東西に分かれたが，ケインズ理論は世界中で研究され，経済政策を支え続けたのである。

　ケインズの『一般理論』は，従来の国民経済学と一線を画したがゆえに，登場した当初からミクロ経済学的基礎付けを欠いていることを欠点として指摘されてきた。その後，ポール・サミュエルソンらの手によって，一般均衡理論との統合がなされたが，それがケインズの意図を損なっているという批判はいまだ根強い。

　ケインズ政策は，第二次世界大戦後，ウィリアム・ベヴァリッジ（William Beveridge，1879-1963年）の社会保障政策と並んで，福祉国家思想の基礎を形作ることとなる。ケインズ経済学は単に，不況対策，経済成長戦略としての技術的側面を支える理論を提供しただけでなく，国家と国民の関係を大きく変える転換点ともなった。国家が国民の幸福に対して責任を持つという今では当然のことと思われている思想は，まだ登場して1世紀にも満たないのである。

8.5　資本主義の限界を超えて

　ケインズ自身が，どの程度『一般理論』を経済学の革新であると考えていたかは定かではない。第二次世界大戦後にケインズと会ったハイエクは，ケインズがその内容を再び「過去のもの」と考えていたとも語っている。ケインズ自身は，斜陽の大国である母国の立場を少しでもましなものとしようとしていただけかもしれない。ケインズは非常に生涯を通じて非常に多くの公職についたが，それが彼のnoblesse obligeだっ

たのである。彼は「自由放任の終焉」（*The End of Laissez Faire*，1926年）の中で，次のように述べる。

> 私としては，資本主義は，賢明に管理される限り，おそらく今までに現れた，いかなる制度よりも一層有効に経済目的を達成するのに役立ちうるものであるが，それ自体として見るかぎり，資本主義は多くの点できわめて好ましくないもののように思われる。われわれの問題は，満足のゆく生活様式というものに関するわれわれの考えに逆らうことなしに，できるかぎり効率の高い社会組織を苦心して創り出すこと，これである。(**Keynes**，1926：宮崎義一・中内恒夫訳，87頁)

資本主義という生産様式は現代社会にとって，どれだけ問題を抱えていても否定しえないものである。だが，そうであっても失業や倒産，あるいは格差や貧困という状態があることは，ケインズの美意識が許さなかったのである。

　ケインズが第二次大戦後すぐに急死したため，ケインズ自身は自らの理論が実際の政策の主流となるところを見ることはなかった。しかし，資本主義社会が社会主義国家と対抗する上で，ケインズ経済学はきわめて重要な役割を果たした。と同時に，社会主義国でもケインズ経済学は研究され，計画経済を考える前提となるマクロ経済学の基礎を与えた。20世紀後半は，まさにケインズの時代だったのである。

【さらなる学習のために】

伊東光晴『ケインズ』，講談社，1993年。伊東光晴氏は，岩波書店でも同名の書籍を出しているが，こちらの方がケインズ理論の解説としてはわかりやすい。ケインズ自身の理論を包括的に理解しようとする人向けである。

Backhaus, R. E. and B. W. Bateman（2011）*Capitalist Revolutionary John Maynard Keynes*,（Cambridge : Harvard University Press）.（バックハウス・ベイトマン著，西沢保監修，栗林寛幸訳『資本主義の革命家　ケインズ』，作品社，2014年。）洋書の翻訳であるが，ケインズの思想について論じた最近の著作としてはわかりやすい。通常思い込まれているものとは異なるケインズ像が見える。

第9章

フリードリッヒ・ハイエク

学習のポイント

- なぜハイエクがケインズの対抗理論・思想として語られるのか，単に自由主義というだけでなく，経済理論の違いも把握しよう。
- ハイエクは，ケインズ経済学を批判し続けたが，その批判のポイントはどこにあるのか，貨幣の問題と，経済学の方法の問題に焦点を当てて考えてみよう。
- ハイエクの自由主義論は，一般社会では誤解されることも多い思想である。次章のミルトン・フリードマンとの違いを考えながら理解しよう。

9.1 ハイエクの生きた20世紀

　フリードリッヒ・アウグスト・フォン・ハイエク（Friedrich August von Hayek, 図 9.1）が生きた20世紀という時代は，人類史においても特別な時代である。世界人口はハイエクが生まれた19世紀末には16億5,000万人であったが，彼が死んだ1990年前後には57億人を超えた。世界全体の経済規模も約5倍に膨れあがる。一般人が遠距離に移動する速度は120倍になり，通信方法に至っては，比較しようがないほどの革新が進んだ。他方で，戦争の様式や国家と国民の関係も変化する。20世紀には，政治的な様々な実験が行われ，いくつかは消滅しいくつかは生き残っている。

　一人の経済学者が自分の理論や思想が予測した結末まで見ることができることは少ない。マルクスは共産主義国家の樹立を見ることはなかったし，ケインズですら自らの理論が本格的に活用される前に死んだ。ハイエクは，社会主義国家の誕生と成長を見て育ち，それを批判し，そしてその崩壊を目撃した。ハイエクは人生の中盤の3分の1を評価されないままに過ごしたが，彼の約70年の研究者人生の最初の20年間と最後の20年間は栄光の中にいた。

▶ 20世紀初頭のウィーンでの少年期・青年期

　ハイエクは1899年，オーストリア＝ハンガリー帝国の首都ウィーンにて，植物学者の長男として生まれた。当時のオーストリアは，ドイツ人圏での覇権に敗れたドイツ帝国への対抗上，ハンガリー，チェコそしてバルカン半島を併合した大国であったが，その無理な拡張の結果，内情はきわめて不安な状態にあった。ハイエクが少年期を過ごしたウィーンは，まさに崩壊直前だったのである。

　1914年サラエボ訪問中のオーストリア＝ハンガリー帝国のフランツ・フェルディナント大公夫妻が暗殺され，それをきっかけとして，第一次世界大戦が勃発する。当時，ウィーン大学の学生であったハイエクは，

図 9.1 フリードリッヒ・アウグスト・フォン・ハイエク
(1899-1992 年)

徴兵されて戦場に出るが、マラリアに罹患して除隊される。しかし、祖国は敗戦、帝国は解体され、オーストリア共和国として再出発することになる。大学に戻ったハイエクは、一時ドイツ主義とカトリックを基礎においた政治学者オトマール・シュパン（Othmar Spann, 1878-1950 年）の普遍主義に影響を受ける。ところが、大学卒業後に本格的に影響を受けた経済学者ルードヴィッヒ・ミーゼス（第5章5.4）は、このシュパンの普遍主義が、本質的に国家社会主義と変わらないことを看破していた。1922年にミーゼスが刊行した『共同経済』（*Die Gemeinwirtschaft : Untersuchungen über den Sozialismus*）は、後のハイエクの社会主義観を決定づけることになる。

▶ 景気循環についての研究

ハイエクは、ミーゼスの推薦により1927年オーストリア景気研究所の初代所長に就く。ハイエクの仕事は主に景気循環に関する実証研究であり、単にオーストリアだけでなく、欧米諸国全体にまで研究対象は及んだ。1929年この研究所が主催したロンドンでの研究会でハイエクはケインズと初めて出会う。1931年、ロンドンで行った一連の講義が評価され、ハイエクはロンドン・スクール・オブ・エコノミクス（LSE）の教授として迎えられる。ハイエクの景気循環論は一時ケインズの理論

と並べて評価されたが，1936年ケインズの『一般理論』の刊行とともに徐々に人の口の端に上らなくなる。積極的な財政政策を打ち出したケインズ理論の方が，金融政策の有害性を説くハイエク理論より，経済学者や政治家の受けがよかったことが一因である。

『隷属への道』の公刊

その後も経済理論の研究を続けていたハイエクであったが，1944年，ヨーロッパを破滅へと追い込んだファシズム・ナチズムが実は社会主義，共産主義と，全体主義，設計主義という観点で同根であり，ヨーロッパ全体を覆っている風潮であると指摘した『隷属への道』(*The Road to Serfdom*) を出版する。この書の評価は賛否両論分かれたが，その後のハイエクの方向性を決定する。

第二次世界大戦後の1947年，スイスのモンペルランにある山荘に集まった，ハイエク，ミルトン・フリードマン（次章），カール・ポパー（Karl Raimund Popper, 1902-1994年）らは，世界を覆う社会主義的風潮に対して警告を発するための組織として，モンペルラン協会（Mont Pelerin Society）を設立した。これは当初ナチスに追われて世界中に亡命したユダヤ人の研究者を支援するための組織として構想されたものだったが，自由主義を掲げる知識人の立場から戦後社会主義への批判を行う組織として実現した。実際，ナチスのみならず，ソ連など旧社会主義国でもユダヤ人の迫害が続いていた。この協会には全体主義の中での異分子の排除を止めるべく，ユダヤ人に限らず自由を求める人々が集まったのである。

シカゴ大学へ

1950年，アメリカ，シカゴ大学の社会正義委員会の教授として招聘されたハイエクは，この地でミルトン・フリードマンらのアメリカの自由主義経済学者たちと交わる。ここでハイエクは，関心を認知科学，政治哲学へと広げていく。ハイエクの思想は経済学を基礎としながらも，多くの学問分野にまたがった体系である。

ここでハイエクは『隷属への道』を拡張しながらも，社会進化論を取り込んで，議論を精緻化した『自由の条件』（*The Constitution of Liberty*, 1960 年）を刊行する。だが，当時はまだソ連を中心とした東側諸国が西側を上回る成長を続けていると信じられており，西側でもケインズ経済学に基礎をおいた福祉国家が全盛の時代であった。そのような中で，ハイエクの議論は，滅び損ねた「偉大な恐竜」としか捉えられなかった。

▶ノーベル経済学賞の受賞

　ところが，1973 年から 6 年間かけて『法と立法と自由』（*Law, Legislation, and Liberty*）を刊行したとき，世界の情勢は大きく変わりつつあった。ソ連を初めとする社会主義国の経済が失速，技術進歩の停滞と労働意欲の低下が深刻化しつつあった。他方で，西側諸国でも，日本や西ドイツの成長の結果，アメリカの経済力の相対的な地位が低下，さらに巨額の貿易赤字と財政赤字を抱えたまま長期の不況にさらされることになる。また，イギリスでは高税率と過剰な福祉の結果，人々の労働意欲が低下し，英国病と呼ばれる経済停滞の中に沈み続けた。そのような状況に対する処方箋としてハイエクの議論がにわかに脚光を浴び始めたのである。

　ハイエクは，1974 年ノーベル経済学賞を受賞する。ハイエクはその後も精力的に研究活動を続け，社会進化論に基づいた自由主義思想を完成させる。そして 1989 年，東西ドイツ分断の象徴であったベルリンの壁が崩壊，アメリカ大統領ジョージ・ブッシュとソ連最高会議議長ミハエル・ゴルバチョフはマルタ島で会談し，冷戦の終結を宣言する。しかし，1991 年ソ連は他の社会主義国と同様，消滅・体制転換を迫られることになる。

　ある論者はこのような状況を「約半世紀前ハイエクが『隷属への道』を出版したとき，ほとんどの賢明な人々はあざ笑った。しかし，世界が間違っていて，ハイエクが正しかったのである」と評した。晩年，持病を悪化させ長く病床にあったハイエクは，1992 年社会主義国の崩壊と新しい時代の幕開けの音を聞きながら永眠した。

9.2 ハイエクの経済理論

▶ 資本主義における生産過程

　ハイエクの経済理論は，現在ではあまり顧みられることがないが，その基盤は基本的なミクロ経済学とも共通点を持つ。特に 1920 年代にようやく注目され始めた異時点間の均衡に注目したものであった。これは元々，彼がウィーン大学時代に学んだオーストリア学派のヴェーム-バヴェルク（第 5 章 5.3）による資本理論と，それを発展させたミーゼスとスウェーデンの経済学者クヌート・ヴィクセル（第 5 章 5.4）をさらに批判的に発展させたものである。

　ここでのポイントは，「生産には時間がかかる」ことである。ものを作って販売するまでに要する資金をあらかじめ用意して，実際に生産物が売れて収入があるまでの間，生産過程を維持しなければならない。資本主義社会では，その資金を自分であらかじめ全部用意することは少なく，多くは金融機関からの借り入れでまかなわなければならない。ところが生産に時間がかかるとすると，借り入れた資金には利子がかかることになる。当然，借りている期間が長い方が多くの利子を払わなければならないので，完成までに時間がかかる製品の生産の方が利子率の影響を受けやすい。

　より高付加価値の製品を作り出そうとするためには，生産期間を延長して，製品をより複雑化する傾向があるとヴェーム-バヴェルクは仮定した。もちろん，世の中にはより単純な構造へと革新を遂げる商品もあるが，ここで重要なのは，生産期間を延長すれば利益が大きくなる製品が存在するということである。そして，社会全体で見れば，人類の歴史の中で，より単純なものからより複雑で高度な技術を要するものの生産へと進んできたことは間違いないであろう。そういう中で，生産手段の建設から最終消費財の完成までを，維持するために生み出されたのが，**近代的金融システム**であり，**資本主義**なのである。そして，非常に単純化して考えれば，利子率が下がれば生産期間が長くなり，利子率が上が

れば短くなるような社会を理論上想定することは間違いではないとするのがヴェーム - バヴェルクやハイエクが形成した**オーストリア学派経済学**の特徴であった。

▶ 貯蓄と信用創造

さて，生産期間が長い方が高付加価値であるということは，同時に，生産期間が長い方が，生産過程の段階数が多く，そこで使われる生産手段（労働，土地等）も多いことを意味する。とすると，利子率が下がれば，生産期間が長くなり，雇用が増え，利子率が上がればその逆が起きることになる。利子率の上下は，貨幣市場での需要と供給によって決定される。このように，景気の変動の原因を**貨幣**に求めたのがハイエク理論の特徴であった。

いま，貨幣の需要は，生産のための投資であるとすると，貨幣の供給とは何だろうか。ハイエクは，**貨幣供給源**として３つを考えていた。第一に，人々の自発的な貯蓄である。第二に，銀行による信用創造，第三が政府によるハイパワードマネーである。

人々は所得の中から，一部を消費に，残りを貯蓄に回している。まず貨幣市場の供給が完全に**貯蓄**によってまかなわれているとすると，人々は現在の消費と将来の消費（今は貯蓄することで，将来の消費に備えている）のバランスを現在と将来の消費財市場価格と利子率を観察しながら決定している。

同じように，企業は利子率と，現在と将来の消費財市場の価格を見ながら投資とそれに必要な借入額を決定する。市場が完全であれば，人々の自発的貯蓄のみで貨幣供給が行われている市場では，均衡利子率が成立し安定的な状態に達する。

ところが，ここに銀行の**信用創造**が介入すると，市場では貯蓄額以上の資金を調達することができる。自発的貯蓄だけに貨幣供給が制約されていた場合と比べて大量の資金が供給されるので，**利子率**は低下し，企業はより長期の資金調達が可能となる。その資金を利用して，企業は投資を行いより長い期間の生産過程を建設する。ところが，今度は貨幣市

場での需給が，財，特に消費財市場での需給と無関係に決まっている。消費財市場での需給関係は変わらないまま利子率が下がったことで投資が促進された。一方，資金を手にした企業は，一斉に生産財（土地や機械や工場など）を購入し，生産過程の建設を行う。その結果，生産財市場では一時的な供給不足が起こり，価格が上昇する。そのため，生産財を増産するために投資が行われ，さらに上の段階での生産市場で価格が上昇する。

▶貨幣が景気を攪乱する

このように，生産財市場で起きたブームは，一時的かつ相対的に最終消費財市場よりも生産財市場の方を投資対象として有利にする。そこで消費財市場から，労働者，原材料が引き抜かれ生産財市場に回されることとなる。消費財への需要が変わらないとすると，今度は消費財市場で供給不足が発生し，消費財価格が上昇する。その結果，消費者はそれまでの所得では，これまで消費していた量の消費財を購入できなくなる。

しかし，生産財は最終的には消費財の生産に結びつかなければならない。信用創造によって投入された資金は，やがて人々の所得となる。そうすると人々は増加した所得を使って，以前と同じ量の消費財を購入しようとする。その結果，さらに消費財価格が上昇する。今度は，生産財市場と比べて消費財市場が有利になるので，先ほど投入された労働や資源は，再び消費財に向けなければならない。

ところが，生産財生産のための設備は建設に時間がかかり，また高価な機械や工場のように投資した資金を回収するためには時間がかかるものが多い。したがって，生産財生産から消費財生産への切り替えは容易ではない。

先に建設された生産過程は減価償却が終わる前に，過剰となってしまう。生産財の生産は，最終的には消費財の需要に結びつかなければならない。過程の最後にできる商品が売れないのに，それを作るための機械や工場を建設しても利益は上がらないからだ。結果的に，各生産過程は過剰な在庫を抱えることになり，それに耐えきれない企業は倒産し，失

業が発生することとなる。この度合いが大きければ経済恐慌となる。

これが、ハイエクが主張した貨幣的景気変動論である。つまり、ハイエクに従えば、資本主義の成長を可能ならしめてきた銀行による信用創造がある限り、景気変動は必然的であり、恐慌・不況は避けられない。なぜなら、人は目の前の価格や利子率の変化には、合理的に反応しようとするが、将来の価格変化まで予測することができず、その結果常に過剰投資の危険にさらされるからである。

▶ 政府による貨幣供給の影響

さて、こうした状況に対して、3つめの貨幣供給者である政府がさらに貨幣を供給して、企業の投資を支え続けようとした場合、どうなるだろうか。貨幣を供給して利子率を下げ、投資ブームを支えようとする金融政策を採った場合である。しかし、この場合も一時的に崩壊を先送りできるが、最終需要を反映していない貨幣供給の増大は、いずれより大きな過剰投資を生み、より深刻な崩壊を引き起こすだけであるとハイエクは指摘する。したがって、われわれが資本主義経済を維持する以上、景気変動は必然的なものであり、政府の金融政策は、有害なだけであり、拒否するべきとするのがハイエクの結論であった。

ハイエクの景気変動論は、いくつかの問題を抱えながらも、登場した当時は最新理論として注目を浴びた。しかし、企業の投資が、利子率によって反応し、またそれに応じて生産過程をすぐさま切り替えるとする前提は説得力を欠いた。また、不況に対する対応が、不干渉でしかないことも彼の理論が人気を失った理由である。ケインズの『一般理論』の中で論じられた有効需要不足に基づいた不況理論の方が、1930年代の世界経済を説明し、処方箋を書くためには有効であると多くの人々に信じられたのである。

しかし、それでもハイエク理論が現代に示唆する点は少なくない。ケインズ経済学でも利子率の低下が企業活動に全く影響を与えないとされたわけではなく、むしろ金融政策は積極的に使用される。だが、ケインズ経済学があくまでマクロ指標を基準として、国全体の総計として経済

を捉えるのに対して，ハイエクは産業構造や地域の違いによっては金融政策の効果が異なって現れることを指摘したことは大きい。つまり，金融政策の効果が出やすい分野と出にくい分野があるため，単なるハイパワードマネーの増加は，産業間や地域間に資源配分のゆがみを生じる可能性があることを指摘したのである。ハイエクは，オーストリア景気循環研究所時代，多くの実証分析を行い，特に1920年代のアメリカでは金融制度が未発達なために，クレジットクランチ（信用収縮）が発生し，貨幣が大量に必要な収穫期に，必要な地域に必要な量の貨幣が行き渡っていないことを明らかにしていた。

▶『貨幣の非国有化論』

経済を動かすためには，必要な量の貨幣を必要なところに必要なタイミングで供給しなければならないとハイエクは主張した。と，同時に既存の貨幣制度ではそれが困難であることも知っていた。

ハイエクが経済理論研究をやめてから40年近くたってから発表された『貨幣の非国有化論』（*The Denationalization of Money*，1979年）は，民間銀行に貨幣の発行権を委譲し，貨幣発行量を市場のニーズに直結させようとしたものである。複数の貨幣が競争する中で，各銀行は自らの貨幣の信用を維持するために，インフレにもデフレにもならない最適な貨幣の供給方法を編み出すであろう。そういう状況になったとき，貨幣は単なる交換の媒体としてのみ機能し，実物経済に対して中立的な立場になりうるとするのがハイエクの考えであった。

9.3 ハイエクの社会観・人間観

▶ 経済計画は可能か

ハイエクは，シカゴ大学に移った1950年前後から経済理論に関する発言は少なくなった。それはハイエクが社会や経済のより本質的な問題に取り組んだためであった。その背後には，人の心理に対する彼の深い

造詣があった。経済理論家であったハイエクが，人の心理の問題に取り組んだのは古くウィーン大学の学生だった頃である。それ以来経済学研究と並んで研究を続けていたが，その成果が最初に表に出たのが集産主義（社会主義）経済計算論争であった。イタリアの経済学者エンリコ・バローネ（第5章5.5）が1908年に発表した一般均衡理論体系上での計画経済の実現可能性に関する論文は，約20年後ミーゼスによって批判された。ミーゼスの論点は，一般均衡理論上では価格が重要な情報媒体になるが，社会主義国家では市場が廃止されているため，価格が存在しないので，実際には経済計画が不可能であるとすることにあった。いかに技術的生産関数が特定化されたとしても，価格情報なしでは経済当局は最適な供給量を決定できないのである。

これに対して社会主義側の経済学者から再反論があった。ポーランドの経済学者オスカー・ランゲ（Oscar Lange, 1904-1965年）は，価格の役割が重要であることは認めながらも，最終消費財市場さえあれば十分であると主張した。資本主義の問題点は，土地や生産手段を労働者自身が持っていないことに起因するのだから，土地や生産手段を国有化し，最終消費財価格の変動を通じて需給関係を観察すれば，社会主義の理想と計画経済が実現するとした。

▶ 現場の知識

この問題に，再々反論したのがハイエクであった。ハイエクの指摘は，科学的知識さえあれば，人の手によって社会を再構築できるという社会主義者の持つ根本的な誤りを指摘する。

欧米社会では近代以降，合理的な思考で世界を捉えようとしてきた。この試みは自然科学では成功したが，社会に対しては成功しない。なぜなら，社会における知識において科学的知識はごく一部を占めるに過ぎず，ほとんどは未整理で言語化，一般化することもできない，一つひとつは取るに足らないようにすら見える「現場の知識」である。しかし，われわれの社会は，この膨大な現場の知識によって支えられており，現在は市場を通じて人々はその存在を意識することなく，間接的にそれら

の知識を利用できているに過ぎない。しかし，計画経済では，これらの現場の知識を政府が，市場以上にうまく収集・活用することはできない。たとえ，最終消費財市場を導入したところで，これはすべての財・サービスの供給についても同じ問題がついてまわる。したがって，合理的に見える計画経済はいずれ必ず破綻する。

さらに『隷属への道』では，うまくいかない計画経済を無理に成功させようとすると，人々は様々な形で自由を権力者に売り渡すことになると主張した。人類は自由市場の結果，成功したが，今や人々は自分たちの成功の理由を忘れてしまった。その結果，より大きな成功をより安全に手にしようとし，自らの成功の理由であったものを政府に売り渡そうとしている。実際，ナチス・ドイツやソ連の指導者は経済的成功を餌に人々の自由を制限しようとしているとするのがその趣旨である。

▶ 自生的秩序

さらに，ここで述べられた，計画経済が必ず失敗するという主張の基礎となった，人間の能力の限界や情報の不完全性の議論は，ハーバート・サイモン（Herbert Alexander Simon, 1916-2001 年）らの限定合理性や不完全情報の議論となって，現代経済学の発展に寄与することとなる。

しかし，ハイエクの人間観・社会観は，独特である。入門書的なミクロ経済学では，人々が合理的で情報が完全であれば，市場を通じて，社会全体も効率的なものとなると仮定する。ケインズは，人々は限定合理性しか持っておらず，市場を通じるとさらに社会全体の不合理性が際立つこととなると考える。これに対して，ハイエクの場合は，一人ひとりは限定的な合理性しか持っていなくても，市場を通じれば，市場が制限されている状態よりは良い状態に到達しうると考える。さらに，より晩年になると彼の市場観は，完全−不完全という枠組みを超えて，不完全なものしか社会には存在しないことを前提とした議論へと進んでいく。

不完全な知識と能力しか持たない人が不完全な社会の中でなぜ大きな不確実性にさらされることなく日常を過ごすことができるのか。その理

由は，人は，意識の形成過程において，**社会秩序**を取り込むことで，人の内側の意識の秩序と人の外側の社会の秩序の軋轢をできるだけ小さくしているからである。

ハイエクは，このような認知心理学的構造を最大限利用し，人々の自由な行為の相関の結果，生じる秩序（**自生的秩序**）を基礎とした**自由論**を展開した。人に必要とされるルールは，人々の行為の中から生まれるというのがハイエクの自由論の出発点であった。

このような視点を持っていたハイエクは，ケインズ経済学に代表されるマクロ経済学的な経済理解を批判していた。直接観察できないものであったとしても，社会は，個々の主体の相互関係の結果構成されているものであり，その細部を見ずして総和で社会を捉えるケインズ的なマクロ経済学を批判していた。実は，同じモンペルラン協会のメンバーであり，自由主義者としても知られるフリードマンもマクロ経済学者であるという点で，ハイエクの批判対象であった。全体としての社会も，個々の人の意識とそれに基づいた行動を観察することでしか説明できないとするのがハイエクの方法論であった。

9.4　自由主義思想

▶ ハイエクの自由主義の背景

ハイエクが生まれ育った20世紀初頭のオーストリア＝ハンガリー帝国の首都ウィーンは，政治的には緊張状態，財政的には破綻状態にあったが，文化的には多民族，多宗教であり，「世紀末ウィーン文化」と称される空気が残っていた。ハイエクも，基本的にはカトリックであるが「都合のいいときに都合のいい宗教を信じる」と自らの述べているぐらい自由で多様な精神的背景を持っていた。また，彼が学んだウィーン大学はオーストリア学派の開祖，カール・メンガー（第5章）の時代より軍や政府の圧力に抵抗する自由の砦であった。

他方で，学問的に自由ということは，自由を抑圧する学問も認めると

いうことである。ハイエクの2つめの学位である国法学（政治経済学）の審査委員は，法学者ハンス・ケルゼン（Hans Kelsen, 1881-1973年）と政治学者オトマール・シュパンであった。前者は，法実証主義の厳密な適用による純粋法学を提唱し，後者はゲルマン主義とキリスト教に基づいた全体主義理論の確立者である。いずれも，後にハイエクの批判対象となる2人だが，実はハイエクの社会観の根底となる部分にも影響を与えている。

ハイエクは一般的にイギリス型の個人主義を支持し，フランス革命期の思想家に端を発する合理主義に基づいた個人主義に批判的であることが知られている。前者の中でも18世紀イギリスの思想家エドモンド・バーク（Edmund Burke, 1729-1797年）の保守主義の意義を強調している。自由を「抑圧から解放されていること」と定義するハイエクであるが，そこで描かれる個人は，置かれた環境から独立した存在ではない。個人の意思を他の人から強制されることは拒否するが，個人の意思自体はその形成過程で他者からの影響を受けることは当然のことと考える。

ハイエクは，ほぼ生涯を通じて全体主義の批判者であり，個人的自由の擁護者であった。だが，その一方で，個人は意識のレベルでそもそも置かれた社会的環境から影響を受けるという意味で，自由ではないことを認めていた。その上で，人々の行為の結果生じる社会的な自生的秩序に従って人々が行動すれば，必要最小限の安定が得られると考えたのである。

逆に自生的秩序を，意図的設計あるいは合理的思考に基づいていないという理由で排除してしまおうとする考え方を激しく批判した。われわれの社会が，人類史上かつてないほどの大きな社会（the great society）になりえたのは，理性的な力による社会計画の結果などではなく，市場における人々の日々の活動の結果である。市場経済のみがこれほど拡大した人口と世界を支えうる唯一の手段である。その市場を支えるものが人々の日々の活動の相関の中から生まれるルールである。

▶ 政治的自由と経済的自由

　ハイエクは，『自由の条件』の中では，現在国家の役割と見なされているものの多くの社会サービスが，国家でなくても供給できたり，国家が供給すると資源配分をゆがめたりしてしまうことを指摘した。そこでは，たとえば，社会保障制度の多くは民間企業でも供給可能であること，累進税率は財政の必要によるものではないこと，民主主義は人類の手にした最良の社会的な合意の形成方法なのだが，けっして民主主義そのものは社会目標ではないことが主張されている。

　経済的自由の方が民主主義より優先するとする考え方は，ハイエクだけでなくフリードマンなどにも共通の考え方である。これはチリにおいて1970年代から90年代まで続いたピノチェト政権のように政治的には独裁で人権の抑圧を行いながら，経済的には自由主義政策を熱心に取り入れようとする政治体制を支持するものとして激しく批判されたこともある。これは，現代の中国のように政治における自由の抑圧と経済的な自由が併存するような多様な社会形態をどのように評価するかという問題にも共通する。

　ただし，誤解してはならないのは，ハイエクが，政治的自由と経済的自由に軽重があると述べているわけではないということである。ハイエクは，政治的自由がなくても経済的自由はありうるが，経済的自由がないところでは政治的自由はありえないと主張しているに過ぎない。なぜなら経済的自由を制限するためには政治的自由を束縛しなければならないからである。たとえば，私的所有権が制限されている社会では，すでに政治的自由は失われているだろう。なぜなら，その社会では，私的所有権を手放したくない人々を押さえつける権力があるからである。

　逆に経済的自由が保証されていれば，政治的な抑圧は長続きしない。なぜなら，経済成長が進むとどこかで政治的な不自由が障害となり，政治的な束縛を廃止するか，経済成長をあきらめなければならないからである。事実，ピノチェト政権下での経済成長は数年で破綻し，中国では，経済的な力を獲得した人々による政治的自由の希求が続いている。つまり，ハイエクは，経済的自由さえ確保されていれば政治的には不自由で

もいいと考えているわけではなく，経済的自由が確保されていれば長期的には政治的自由も獲得できるとしているに過ぎない。

　他方で，政治的自由を保証しながら，経済的自由を抑制する社会をどう考えるか。たとえば，北欧型福祉国家のように，高税率高福祉国家は，高い税金という形で私的所有権を侵害する。さらに高所得者への累進税率や企業への高い法人税は，人々の労働への意欲を削ぎ，企業の海外逃避を促すと批判されることが多い。実際，旧社会主義国やイギリスなどで見られた勤労意欲の低下あるいは，企業による高い法人税の忌避はしばしば語られる問題点である。

▶ ハイエクの考える自由

　確かに高福祉政策は，ハイエクの批判する対象ではあるが，ハイエクがフリードマンと異なるのは，経済成長のために自由経済が有利であるとか，雇用を生み出すために法人税を引き下げるべきという論法を採らないことにある。なぜなら，ハイエクにとっては，ルールは何か特定の集団の利益になるものであってはならず，政策は特定の目的を達成するためのものであってはならないからである。福祉政策が過ぎると特定の人々の利益を目的とするようになり，またその費用の調達において特定の層の人々へと負担を求めるようになって，新たな不平等を生み出すからである。

　たとえば，現代日本の年金制度が負担の世代間の移転であることはよく知られている。社会福祉の受益者と負担者の乖離は，解決が難しい問題の一つである。またハイエクは，生活に困る貧困者の救済を否定しないが，「最低限度の生活の維持」という基準に恣意性の入り込む危険性があるとする。

　ハイエクは，功利主義的観点から，自由の大切さを論じない。これは，功利主義的観点から自由を論じる限り，功利主義的観点から自由を束縛する議論から逃れられないからである。ハイエクにとって，自由は絶対的な目的であって，その利益は何かよくわからないが，それが失われると支払わなければならないコストが膨大であり，取返しの付かないこと

になるからこそ，守らなければならないものなのである。したがって，しばしば「新自由主義」の名前で呼ばれることがある規制緩和や減税といった政策が，基本的には経済の活性化という目的を達成するための手段として採られる限り，ハイエクの自由とは相反するものなのである。

ピノチェト政権以外にも1970年代から80年代にかけて，アメリカのレーガン政権やイギリスのサッチャー政権に代表される「新自由主義」政策が，世界各国で展開されたが，それらの政策を具体的に検討すると，実際には多くの自由の制限が平行して行われていたことがわかる。なぜなら，それらの政権は，自由の回復ではなく，経済の立直しを目的としていたからである。

▶ もっとも長続きし，もっとも多くの人々を巻き込んだルール

それでは，ハイエクは社会にある様々な問題をどのように解決すればよいと考えていたのだろうか。ハイエクは，基本的には，超越的な権力に頼らず，個々人の理性の力で一つずつ対処するしかないと考えていた。ハイエクが1967年に来日したとき，ある日本人経済学者が，「日本では，ポルノ雑誌が子供の手の届くところで売られていることがあります。あなたは，これを政府が規制すべきだと思いますか」と訊ねたというエピソードが残されている。これに対してハイエクは顔をしかめながら「私はそのような状況をけっして好ましいとは思いません。しかし，それを政府が規制することには反対です」と答えた。この答えが，ハイエクの社会問題への対処法を物語っている。

つまり，われわれの目の前には数多くの問題が横たわっていることを認識しながらも，その解決を性急に政府の力に委ねるのではなく，個人の良心に基づいた努力によって問題を解消していくしかない。ハイエクの描く自由な社会とは，けっして明るいだけのパラダイスではない。むしろ自由の恩恵は曖昧でわかりにくく，それを制限しようとする力の甘言の方が魅力的である。だが，自由が失われることの損失は計り知れないものであり，自由の維持のためにわれわれは終わることのない努力を続けなければならないのである。

ハイエクの自由論のこのような特徴は，『隷属への道』を刊行した頃から見られたが，晩年になって社会進化論の研究が進むにつれて一層顕著なものとなった。彼は最後の著作である『致命的な思い上がり』（*The Fatal Conceit : The Errors of Socialism*，1988年）の中で，あるルールが支配する社会が他の社会に対して有利かどうかということは，時間の流れの中でその社会の構成員の数が増えるかどうかでしか捉えることができないとする。市場に基づいた自由経済は，これまでの人類の歴史の中でもっとも長続きし，もっとも多くの人々を巻き込んだルールであった。その事実だけが，自由経済の重要性を物語っているとするのが，彼の最後にたどり着いたものであった。

9.5 まとめ

ハイエクは，その自由主義体系の大きさゆえに，政治思想の側面からのみ捉えられることが多い人物だが，彼の自由主義は，彼が経済学者である頃から続いているものであり，実際，貨幣量を国家がコントロールすることの問題点の指摘は，20代の頃に最初になされ，生涯を通じて維持されたものである。ハイエクの自由論を理解するためには，まず彼の経済理論で語られていることを確認した上で，そこからの変遷をたどることが実は近道なのである。

他方で，1990年代までのハイエク研究は，主に彼の自由論に焦点を当てたものが多かったが，社会主義崩壊後の研究では，彼の認知心理学に基づいた社会理論に注目するものも多い。この分野では，実験経済学でノーベル賞を受賞したバーノン・スミス（Vernon Lomax Smith, 1927年-）がハイエクから多くの示唆を得たと述べるなど，ハイエク理論はなお多くの示唆に富んでいることを示している。ハイエクの遺産の中で，世界中で繰り返し肥大化しようとする自由の抑圧の勢力への対抗理論に加えて，これも今後も研究が進む領域である。

【さらなる学習のために】

間宮陽介『ケインズとハイエク——"自由"の変容』，筑摩書房，2006年。ケインズとハイエクを，自由主義対裁量主義というステレオタイプ的な捉え方から，初めて解放した良書。ただし，行間を読ませる書なので，ハイエクとケインズについて一通りの学習をしてから読んで方がよい。

吉野裕介『ハイエクの経済思想——自由な社会の未来像』，勁草書房，2014年。最近になって，入門書が増えてきたハイエクだが，石の方が多い玉石混淆状態である。ハイエクに関する限り入門書は読まず，専門書にいきなり進んだ方が怪しげな書に引っかからない。この書の著者は，日本のハイエク研究者ではもっとも若い世代に属するが，もっともハイエクの原典を読み込んでいる。

第10章

ミルトン・フリードマン

学習のポイント

- ■「新自由主義の経済学者」というレッテルを貼られ批判にさらされるフリードマンであるが，経済学者としての評価は全く異なる。彼が提出した仮説の特徴を正確につかんでみよう。
- ■フリードマンの自由論を象徴する言葉に「選択の自由」がある。一方で，この主張がしばしばフリードマンへの批判を引き起こしている。なぜ，フリードマンはこのような自由論を展開するようになったのかを確認し，その是非を議論してみよう。

10.1 フリードマンの生きた時代

▶ 世界恐慌期に大学に通う

　時代を客観的に観察するように求められる経済学者たちもまた，自分の生まれ育った環境から独立ではない。そして，それはしばしば逆説的である。イギリスの上層中流階級のケインズや弁護士の父を持ち比較的裕福な家庭に生まれたマルクスは，市場調整能力に対して批判的な理論と思想を展開した。一方，現代自由主義の代表であるミルトン・フリードマン（Milton Friedman，図 10.1）は，1912 年，東欧からの移民の息子としてニューヨークに生まれた。優秀ではあったが，奨学金といくつものアルバイトに頼らなければ大学に通うことができなかったフリードマンは，貧困層にとって重要なのは今日の糧よりも明日の希望であることを強調するようになった。彼の妻ローズ（Rose Director Friedman，1910-2009 年）は，「自分の体験から，最低賃金制度が，貧しい人々を助けるどころか，かえって苦しめるものであることを知り抜いていた」と指摘している。

　フリードマンの生活が苦しかったのは，彼の出身家庭だけの問題ではなかった。彼が 16 歳でニュージャージ州のラトガース大学に奨学生として入学した 1929 年に起こったウォール街での株価暴落は，第一世界大戦後，唯一黄金時代を謳歌していたアメリカにも恐慌の訪れを告げた。フリードマンが大学を卒業した 1932 年には 25% を超える失業率を記録した。ニューディール政策の開始とともに多少の改善を見せたアメリカ経済であったが，1930 年代を通じて，明確な立ち直りを見せることはなかった（図 10.2）。フリードマンは，その自由主義的信条からしばしば「金持ち資本主義」の象徴のように語られるが，実は彼の経済学者としてのスタートは，世界恐慌期にあり，不景気や貧困は常に彼の隣にあったのである。

図 10.1　ミルトン・フリードマン
（1912-2006 年）

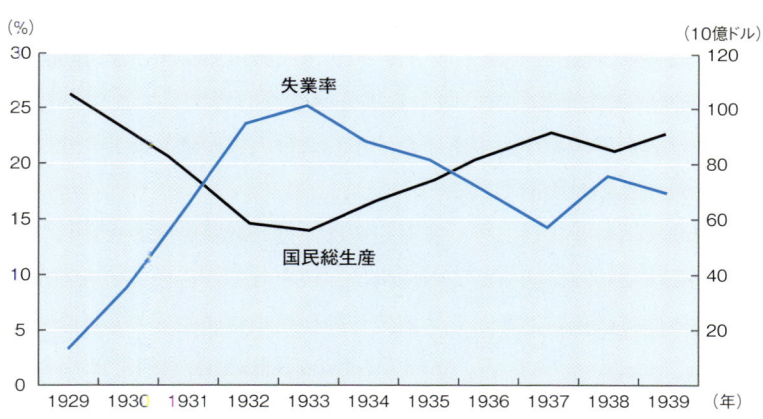

図 10.2　1930 年代のアメリカの国民総生産と失業率の推移
（Historical Statics of US より作成）

▶ シカゴ大学での経済学研究

　理想に燃えた青年フリードマンが，シカゴ大学大学院で経済学を専攻したことは自然なことであった。彼が学んだラトガース，シカゴという2つの大学は，当時のアメリカで経済学を学ぶためには最高の環境であった。フリードマンは，ラトガース大学時代に影響を受けた人物として，連邦準備理事会議長であったアーサー・バーンズ（Arthur Frank Burns, 1904-1987 年）とセントルイス連邦準備銀行の副頭取兼調査部長であったホーマー・ジョーンズ（Homer Jones, 1906-1986 年）を挙

げている。特にジョーンズは，自由競争制度と貨幣数量説という後にフリードマンの主張の中核を担った考え方の支持者であった。

さらに，シカゴ大学経済学部は，ジェイコブ・ヴァイナー（Jacob Viner, 1892-1970年），フランク・ナイト（Frank Hyneman Knight, 1885-1972年）といった後世に名を残した経済学者たちが集中していた。当時，経済学の中心はイギリスにあったとはいえ，戦後のアメリカ経済学の隆盛の基礎は，この頃のシカゴ大学のスタッフによって準備されていたといっても過言ではないだろう。

シカゴ大学の特徴は，理論研究のみならず実証研究も重視していたことにある。たとえば，ヘンリー・シュルツ（Henry Schultz, 1893-1938年）は需要曲線の，ポール・ダグラス（Paul Howard Douglas, 1892-1976年）は賃金と失業に関する実証研究を行っていた。これは当時の経済学の世界的な中心であったイギリスの大学が理論研究に重きを置いていたことと対照的である。

フリードマンにとって，実証研究は，彼の理論的関心と並んで大きな力となっていた。実証研究の成果は，彼をして，目の前の大不況への処方箋として登場したケインズ政策への疑問を抱かせることになった。後にアンナ・シュワルツ（Anna Jacobson Schwartz, 1915-2012年）との共同研究によりフリードマンが明らかにしたように，1930年代のアメリカでは明らかに貨幣供給が不足しており，ケインズが不況の長期化の原因として指摘したような「流動性の罠」ではなかった。シカゴ大学の研究者たちは，議会や連邦準備銀行に，貨幣を印刷して財政をまかない，マネーサプライを増加させることを提案している。だが，アメリカにおいてさえ，彼らの声に耳が傾けられることはなかった。

▶ 政府機関・NBERなどでの仕事

1935年に，フリードマンは，ワシントンの国家資源委員会に所属，消費者の購買活動の研究を行う。その後，ニューヨークにあるNBER（The National Bureau of Economic Research；全米経済研究所）へ移り，国民所得，特に専門職の所得に関する研究を行っている。これは1945

年にサイモン・クズネッツ（Simon Smith Kuznets, 1901-1985年）との共著で *Income from Independent Professional Practice* と題されて刊行された。

第二次世界大戦が勃発すると，フリードマンは，財務省租税局に移り，戦争財政の研究を行い，1943年には，コロンビア大学の統計調査グループで，戦時研究プロジェクトに参加している。大国とはいえ，ヨーロッパと太平洋という2つの戦線で戦っていたアメリカにとって，資源の最適配分は戦局を決定する問題であり，そこで経済学者の果たした役割は大きかった。

▶ シカゴ大学に戻る

1945年，戦争終結とともにこれらのプロジェクトは解散し，フリードマンは，ミネソタ大学で再び教職に就く。フリードマンは，学部では貨幣理論，大学院では価格理論を担当し，その内容は1962年には『価格理論』（*Price Theory : A Provisional Text*）として出版されている。シカゴ大学に在籍するようになった頃から，フリードマンは自由主義を積極的に支持する活動を本格化させ始めている。戦争終結後の1947年，ハイエクやナイト，ジョージ・スティグラー（George Joseph Stigler, 1911-1991年），ワルター・オイケン（Walter Eucken, 1891-1950年）といった人々とともにモンペルラン協会を設立した。また，1962年には，妻ローズと共著で『資本主義と自由』（*Capitalism and Freedom*）を出版し，市場社会の基礎は多種多様な選択肢を人々が自分の考えに応じて選択できることにあると主張している。

第二次世界大戦の終結後直ちに始まった東西冷戦の中で，シカゴ大学の果たした役割は大きい。フリードマンは，貨幣研究の傍ら，1950年にはマーシャル・プランの計画事務局の顧問としてヨーロッパへ赴き，ヨーロッパ鉄鋼共同体の実現のための調査を行っている。この研究の結果として，彼が提案したものが変動相場制への移行であった。この提案は，ブレトンウッズ体制の確立期であったこの当時には受け入れられるものではなかった。成長する社会主義諸国を横目で見る西側諸国の社会

主義化を防ぐため，アメリカの主導で通貨と各国経済の成長を管理できるシステムを構築することが急務だったからである。だが，変動相場制が，1970年代のブレトンウッズ体制の崩壊後，先進国間の基本的な為替調整システムとなったことは周知の事実である。

政策的にはケインズ政策を採用し，西側諸国のある程度の福祉国家化は認めながらも，思想的には共産主義に対抗しなければならないアメリカにとってシカゴ大学は重要な拠点であった。

▶ 自由主義経済の擁護者

1960年代後半になると，フリードマンの名前は経済学者のみならず一般の人々の間でも知られるようになる。その理由の一つがニクソン政権との関係であった。フリードマンは，アメリカだけでなく，訪問した国々で経済政策にアドバイスを与えている。その中の一つに，チリのピノチェト政権があった。ピノチェト政権は序盤こそ経済政策が成功したが，後半になると失速，また格差の拡大などを招いた。また，政権期間中，反対派の弾圧を行ったため，その国内外での評価は賛否両論があった。フリードマンは，ピノチェト政権の経済アドバイザーであると誤解され，1976年の彼のノーベル経済学賞受賞時には，授賞式会場外で抗議のデモまで行われた。ただし，フリードマンは，ピノチェト政権の運営に直接参加したことはなく，短期の訪問時にいくつかのアドバイスと序盤の評価をしたに過ぎない。

フリードマンは，1977年にシカゴ大学，1981年にはNBERの研究員を辞し，徐々に公職から身を引いている。1980年代にはフリードマンは，「ニューズウィーク」誌にコラムを持つなど，一般向けへの発信も積極的に行った。

1990年代に入ると東西冷戦が終結，その結果として金融を中心としたグローバル化が進む。巨大金融資本が世界を駆け巡るようになると，各国の金融政策はそれが起こす大波に振り回されるようになる。ロシア，アジア，南米，ヨーロッパで繰り返される金融危機は，ケインズ的な政策手法の限界を示すとともに，貨幣供給量を経済に対して中立すべきと

するフリードマンの主張も過去のものとなってしまった。変化する世界経済の中で、次々と経済学のモデルが生まれ、そして時代遅れになり消えていく。実際の経済という環境の中で経済学の仮説が生まれ淘汰されていく。それこそが、フリードマンが目指した科学としての経済学の在り方であった。

10.2 実証主義へのこだわり

　フリードマンの理論を見る前に押さえておきたいのが、彼の方法論である。彼の経済学の方法論は**実証主義**と呼ばれるものだが、彼が実証研究に多くの労力を投入したのは、彼の批判の対象がケインズ経済学であったことと関係する。

　経済学において、理論そのものを直接検証するということは難しい。効用や限界費用といった経済学で用いられる多くの概念が、直接観察できないからだ。19世紀の古典派経済学の議論はほとんど検証に耐えうるものではなかったし、20世紀初頭のミクロ経済学も直接検証することは難しかった。

　ケインズ以前の経済学においても研究者は、理論と実証の両方の立場から分析を進めることはあった。たとえば、ジェヴォンズ（第5章）は19世紀末にすでに演繹理論と統計の両面から経済現象の分析を行うことを提唱していたし、ハイエク（第9章）はオーストリア景気経済研究所時代に得た多くの景気変動に関する統計研究から景気変動の原因を貨幣に求めた理論を発表している。しかし、理論と統計の関係は、経験から理論を帰納的に導き出すか、あるいは先験的に作られた仮説を、実際のデータと突き合わせて、当てはまり具合を検証するしかない。ケインズ経済学が登場して、初めて理論と統計的検証の一元的な運用が可能になったのである。フリードマンは、理論的には反駁を行いながらも、検証可能であるという点でケインズ経済学の科学性を高く評価していた。逆に、同じ自由主義者であってもハイエクの経済理論は、検証できない

ということで歯牙にもかけていなかった。

彼の理論と実践の関係についての主張は次の一節に凝縮されている。

> 理論は，それを実質的な仮説の集まりとみなすならば，"説明"しようとする現象の集まりに対してどの程度それが予測能力を持つかにしたがって，判断されるべきである。事実の証拠がありさえすれば，それが"正しい"か"誤っている"か，あるいはさらに，試験的に妥当なものとして"受け入れられる"か"しりぞけられるか"を示すことができる。……それが，なんども否定されずに残存し続けるならば，その仮説は大いに信頼されることになる。（Friedman, 1953：佐藤隆三・長谷川啓之訳, 8-9頁）

要するに，理論はそもそもある現象が起きている理由を説明するための一時的な「仮説」に過ぎず，観察することができる実際のデータにうまく当てはまればとりあえず維持され，当てはまらなければ放棄されるものである。フリードマンは，理論が正しいかどうかを考える際，仮説を作り上げるための部品（仮定）の現実性は問題でなく，あくまで作り上げられた仮説が，予測を行うために役立つかどうかで判断しなければならない，とする。このような理論の位置づけ方を，道具主義とも呼ぶ。

仮説の検証を行うためには，仮説自体が検証可能な形になっていなければならない。経済学のモデルは，通常，説明した対象（たとえば，経済成長率や失業率，消費など）と考えられる理由（たとえば，所得のや貨幣量の変化など）の関係を表す方程式の形になっている。その仮説が，実際に観察できるデータと対照可能になっていれば，たとえその仮説が間違っていたとしても，その仮説は「科学的である」ということができる。逆に，実際に得られるデータと突き合わせることができないものは，論理的には間違っていなくても「科学的ではない」のである。フリードマンにとって，ケインズ理論は間違ってはいるが，「科学的」だったのである。

10.3　恒常所得仮説

　ケインズ理論の一つの鍵は，消費関数の形にあった。所得は，必ず消費か貯蓄に回される。そのため，消費は所得が増えれば増加する。したがって，不況のときには国民の所得を増やすような政策が有効である。そのためには，政府が積極的に仕事を作り出し，国民の所得を増加させなければならない。このように考えるので，ケインズ経済学は，不景気時には，政府が財政支出を拡大して経済を刺激し，人々の所得を増やさなければならないという結論が導かれる。

　ケインズの消費関数をもう一度見てみると，

　　$C = c_0 + c_1 Y$　　…①

という形をしている。C は一国の総消費，Y は国民所得である。c_0 は所得がなくても最低限消費される部分，c_1 は所得のうちのどれだけの割合を消費に回すかを表し，$c_1 > 0$ である。①式が表しているのは，国民所得が増加すれば，総消費も比例して増加するということである。国民所得も，総消費も観察できるので，①式は実際のデータで検証できるという意味で「科学的」な仮説である。

　問題は，所得が増えれば，本当に消費が増えるのかということであった。これについてフリードマンは，様々な検証の結果，現在の消費と現在の所得は単純な関係にはないことを示した。家計調査の結果，低所得者では所得以上に消費がなされ，家計の所得が増えると徐々に消費比率が下がるということを見つけたのである。つまり，c_1 の値はケインズが考えたほどは安定していなかったのである。

　代わりにフリードマンが提出したのが，**恒常所得仮説**と呼ばれる説明である。これは人々の支出は，そのときごとの所得によってはほとんど左右されず，一定期間の平均的な所得と利子率の影響が大きいことを示したものである。

　財政政策による一時的な所得の増加が，消費の増加を生まないのは，

不況期に所得が増加したとしてもこれは政策によるボーナスのようなものであり，永続的に続くものではないことを知っているからである。特に，それが赤字国債の発行によってまかなわれている場合，将来の増税を予測させるため，人々の財布のひもは一層固くなる。

フリードマンの恒常所得仮説は，人々の消費が様々な要素によって左右されることを指摘したという点で，現代のライフサイクル仮説などの出発点ともなっている。フリードマンが最初に恒常所得仮説を考えたとき，消費主体の将来への見通しを3年程度だと考えていた。ところが，ライフサイクル仮説では，現在の消費は，生涯所得と今持っている家等の資産などを考慮した上で決定されるとする。生涯所得には，自分が働いて得た所得だけでなく，資産収入や年金など様々な社会保障まで含まれている。

たとえば，年金や健康保険などの社会保障制度に不安がある社会では，政府が財政支出を増加させても，期待したほど，消費が増加しない場合がありうる。

10.4 自然失業率仮説と長期フィリップス曲線

▶ フィリップス曲線

ケインズ経済学を初めとするマクロ経済学では，経済が好景気か不景気かということは，最終的には一国の総需要と総供給の関係として語られる。たとえば，総需要を総供給が超える場合は，生産財が過剰になっているために，失業や企業倒産が発生する。逆に総需要が上回っていると，市場に供給されている財やサービスが不足していることになるので，賃金や財・サービスの価格が上昇する。この状態では非自発的失業は解消し，倒産も減っている。したがって，ケインズ経済学では，ゆるやかなインフレーションを経済成長の結果として容認することになる。

この現象は，アメリカの経済学者アーヴィング・フィッシャーに最初に明らかにされた。その後アルバン・フィリップス（Alban William

Housego Phillips, 1914-1975年) が, 名目賃金率と失業率の間にトレードオフがあることを指摘したため, フィリップス曲線の名前で世に知られることとなった。

この事実は, ケインズ経済学者にとって好ましいものであった。なぜなら, 急激なインフレーションは別として, ある程度のインフレーションは金融政策の指標となるからである。たとえば1～3%程度のインフレ率を目標に貨幣供給量をコントロールできれば, 経済成長のために好ましい政策といえるからである。

このフィリップスの実証研究は, 人々の意思決定の仕組みの中に期待インフレ率を組み込み, インフレ率の実現値が期待インフレ率を上回るか下回るかで, 財政政策の効果が変わる理論として整備された。

▶ 自然失業率仮説

さて, このフィリップス曲線の解釈をめぐって, フリードマンはケインズ経済学者を批判する。そのときに提出したのが自然失業率仮説である。自然失業率とは, 期待インフレ率と実際のインフレ率が一致する場合, すなわち名目賃金上昇率と実際のインフレ率が一致する場合の失業率である。名目賃金上昇率が上昇しても, インフレ率が高ければ, 実質賃金率は下落する。そのため, 労働者は実質賃金率に注目して, 働くか働かないかを決定する。言い換えれば, 自然失業率とは, そのときの実質賃金率では働きたくないために仕事に就いてない失業者 (自発的失業者) しかいない場合の失業率を意味する。

期待インフレ率を含めて修正されたフィリップス曲線は図 10.3 のようになる。ここでは, 人々のインフレ予測は正確ではないが, 学習を通じて徐々に修正されることが仮定されている。図中の E_0 がスタート地点であるとしよう。この点では誰もインフレーションを予測していない。政府がより低い失業率 E_F を選択して経済介入を行い, その結果 2% のインフレーションが生じたとする。しかし, それにより, 人々の予測が変化し, 名目賃金も 2% の伸びを要求するために経済は F にとどまらず, 結局失業率は最初と同じ点にまで引き戻される。

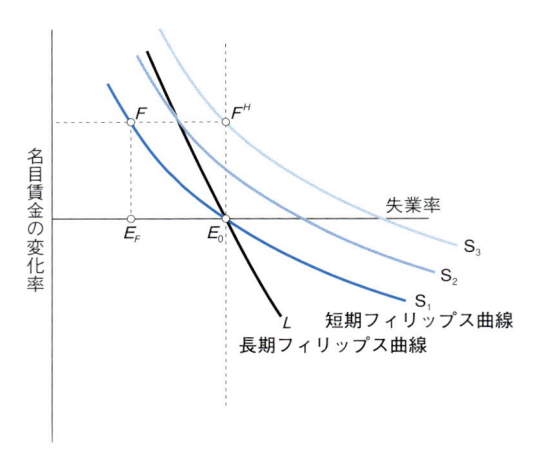

図 10.3　修正されたフィリップス曲線

　つまり，失業率を自然失業率以下に保ち続けようとすると，人々の期待インフレ率以上に，実際のインフレ率を維持し続けなければならないことになる。このような政策が維持できない場合，長期フィリップス曲線は自然失業率の点で垂直になる。
　フリードマンから投げかけられた批判をケインズ経済学者たちは無視することはできなかった。長期フィリップス曲線がある程度右下がりであれば，ケインズ学派の主張は正当化できるが，垂直に近ければ，金融政策はインフレーションを加速するだけであり，インフレ促進的な傾向がある政策が失業率の減少に効果がないことになる。インフレ率と失業率の関係が，フィリップス曲線が示しているほどには単純ではないことは，1970年代に入ると誰の目にも明らかになった。当時のアメリカでは，インフレ率は高いままで不況が続く**スタグフレーション**と呼ばれる現象が生じていた。ケインズ政策は，緩やかなインフレの下で，できるだけ低い失業率を維持することを目的とする。高すぎるインフレ率は，金融市場を中心にマイナスの影響をもたらすからだ。しかし，インフレーションを常に加速し続けないと自然失業率以下の失業を達成できない

とすると，ケインズ政策は少なくとも長期的には効果がないだけでなく経済に対してもマイナスの影響をもたらすことになる。

▶ マネタリストとしてのフリードマン

　ケインズ政策に対して，フリードマンたちは，できる限りインフレ率を抑える政策を提案する。貨幣供給量を経済成長率に合わせて増減させることで，インフレにもデフレにもならないようにする「中立化」が採るべき政策であるとする。貨幣供給量をコントロールして，貨幣を財やサービスの取引によって構成される実物経済に対して影響がないようにすることを目指す人々を**マネタリスト**と呼ぶ。インフレ政策を景気の調整に積極的に活用する現代のマネタリストと区別して，フリードマンらをオールド・マネタリストと呼ぶこともある。

　政策の効果も，フリードマンとケインズ学派の争点の一つであった。フリードマンは，しばしば財政政策が，所得あるいは消費を増加させた明確な証拠がないことを指摘している。さらに，フリードマンは，そもそも政府の手で，経済を最適な状態に置くことができるとするいわゆる「ファインチューニング」の可能性についても批判する。ケインズ政策は，基本的には不況のときには均衡財政を離脱し，公債を発行して金融・財政政策を行い，そのときにできた政府の借金は景気が良くなったときに増える税収で返済することが基本である。インフレーションが過ぎれば金利を引き上げ，景気が減速し始めれば金利を引き下げて調整を行う。

　だが，実際には，ファインチューニングを行うためには，われわれの社会は不確実性が大きすぎる。特に，経済が一国内で完結せず，他国との関係，特に経済以外の関係も考慮に入れなければならないからである。また，不況の時期に経済を回復させる政策が当然視されているのに対して，好況期に景気の過熱にブレーキをかける政策は，好景気に沸く市場からは受け入れられないという非対称性がある。事実上，実際の政策としてのファインチューニングは，絵に描いた餅に過ぎないというのがフリードマンらの主張である。

10.5　フリードマンの自由論

　このようにフリードマンは，実証的経済学によって，政府による経済介入が，目的を達成できていないだけでなく有害であることを明らかにし，市場の機能を最大限活用できる環境整備に徹するべきであると主張してきた。実際，「市場至上主義者」のレッテルを貼られることもあるフリードマンの主張の背景にあるものは，現代の目から見ると，ケインズとの差をそれほど感じない。だが，他方で，ケインズ自身も市場の役割を否定したことは一度もない。共産主義者のように市場の機能を国家で完全に置き換えようとは考えなかったのである。同じマクロ経済学者として，ケインズとフリードマンの違いは，実は限定的なのである。

　1980年に出版された妻ローズとの共著『選択の自由』（*Free to Choose: A Personal Statement*）は，市場の分業，情報伝達，分配の各機能の説明，保護政策の欠陥の指摘と，今から見ると驚くほど平凡な内容である。特にフリードマンが，市場の機能として挙げている**情報伝達，生産方法への刺激要因の提供，所得の分配**について，否定する経済学者はいない。情報伝達機能とは，互いについての具体的な知識なくても，価格の上がり下がりに応じて適切な供給を行うことができるとするミクロ経済学ではおなじみの議論である。これに対する，現実の人々は，価格情報のみをあてにして需給を決定しているわけではないという批判が無意味なのは，価格は必要最低限の情報であり，それだけで資源配分の最適化ができる可能性を示したものだからである。したがって，価格情報があることと，実際に多くの追加情報が得られることの間に矛盾はない。

　フリードマンは，独占や寡占が価格メカニズムを攪乱することを認めているが，民間企業による独占は**政府による独占**に比べれば深刻ではないと考えていた。実際，数多くの規制や関税政策が，本来保護を目的とした人や分野ではなく，規制をうまく利用した人々の利益のみ守っていることを示す例は，日本でも枚挙にいとまがない。

　また，生産方法への刺激や所得の分配は，場合によっては政府でも行

えるし政府が行った方が，公正で効率的であるようにも見える。しかし，政府が行う限り，特定の集団の利益確保を目標として設定せざるを得ずそれに関わる不公平感はぬぐえないし，その規制緩和自体がそれを利用して利益を独占しようとする人々の跳梁跋扈を排除しえない。日本でも，1980年代から2000年代にかけて行われたエネルギー，介護，通信などに関する規制緩和が，実際は自由化などではなく致命的な参入障壁が残存した結果，それを利用して多くの利益を上げるものとそこで搾取されるものの差を拡大している。

フリードマンの自由論は，政府干渉に関していくつかの例外があることも知られている。前節で述べたように貨幣供給をコントロールして経済成長を促す政策は無理でも，経済成長に合わせて貨幣供給量を増減することで「中立化」することはできると考える。また，**負の所得税**や**教育バウチャー制度**などは，フリードマンが無制限な市場主義者ではないことを示唆している。負の所得税は，事実上最貧困層に対する補助金であるが，フリードマンは，特定の集団の利益となるような制度とはならず，貧困者に自立する機会を与えられるならばこのような補助金の設立に反対しない。教育バウチャー制度は政府から支給される教育補助バウチャーをもって，人々は自由に通う小中学校を選択できるとするものである。経営を維持したい学校側が教育改善に努力する一方で，教育の受益者は費用負担を減らすことができる。

個々の社会問題を採り上げる場合，官僚や政治家はともすれば，問題やステークホルダー（利害関係者）にとらわれすぎて，個別特殊な援助制度を作りがちである。実際の行政に見られることだが，個別の問題ごとに補助金が作られそれに監督官庁がつき，そのための役職が設定されると，補助金政策が複雑化し肥大化する。そのためのコストがさらにかさみ，しかも実際に支援を受けなければならない人々にとって使いづらい制度になってしまう。このような肥大化を避けるために，制度はできるだけシンプルな方がよいとするのがフリードマンの考えであった。

社会的な目標を達成するためには，どのような手段が必要かを考えたとき，一見すると政府の手を用いるのが効率的で公正であるようにみえ

る問題でも，長い目で見たとき，制度の硬直性と肥大化を避けるためには，可能な限り富の分配は市場に任せ，政府はシンプルな制度を作ることで，市場の成果から漏れた最低限の本当の社会的弱者（子供や傷病ゆえの貧困者）のみを補助すればいいとするのがフリードマンの基本的な姿勢である。

10.6 まとめ

　フリードマンの名前が「新自由主義」と並べて語られるとき，しばしば現実を見ない市場至上主義者として語られることが多い。だが，フリードマンの議論は，ほぼ完全に現代経済学の研究に基づいており，彼が市場の機能を最大限利用することを主張するのは，現代経済学が市場の効率性に基づいた理論体系だからである。

　どれほど，市場を批判する人々がいても，60億に達した世界人口をある程度継続的に養いうるシステムとして市場以上のものを人類は手にしていない。もちろん，そこから漏れ落ちる人々がいて，それを救う方法を考えることにはフリードマンとて反対しない。しかし，それを市場の本質的欠陥として考え，市場を他の人為的なシステムで代替しようとするあらゆる試みにフリードマンは反論するだろう。そして，彼の反論が現代経済学に基づいている以上，彼への根本的な批判は経済学の中からしか生まれないだろう。

【さらなる学習のために】

Friedman, M. and R. Friedman（1990）*Free to Choose : A Personal Statement,*（New York：Mariner Books）.（フリードマン著，西山千明訳『選択の自由——自立社会への挑戦』，日本経済新聞出版社，2012年。）フリードマンには自らが一般向けに書いた著作が多数あり，これはそのような著作をまとめたもの。フリードマンとその妻自身が書いた書であるが，誰でも理解できるよう書かれている。フリードマン自身の議論を理解するためには最適。

Ebenstein, L.（2009）*Milton Friedman : A Biography*,（London: Palgrave Macmillan）.（エーベンシュタイン著，大野一訳『最強の経済学者　ミルトン・フリードマン』，日経BP社，2008年。）多くの政治経済学者の伝記物を執筆している著者による解説。フリードマンの関係者への調査もあるので，伝記としてはおもしろい。ただし，経済理論の理解のためには他の書籍が必要。

第11章

ゲーム理論

学習のポイント

- ゲーム理論は，それまでの経済学のあり方を批判するために作られたが，実際にはそれまでの経済学を強化する形で用いられている。その過程を理解しよう。
- ゲーム理論は，純粋に応用数学として発達してきたにも関わらず，私たちの時代をよく現しているように見える。ゲーム理論的な視点で，いろいろな問題を考えてみよう。

11.1 ゲーム理論の時代

ゲーム理論の開発は，ほぼ完全に応用数学的観点から行われたといってよい。フォン・ノイマン（John von Neumann，図 11.1），ナッシュ（John Forbes Nash, Jr.，図 11.4 参照）は，基本的に数学者であったし，数学の訓練を受けていたモルゲンシュテルン（Oskar Morgenstern，図 11.2）やゼルテン（Reinhard Selten, 1930-2016 年），ハーサニ（John Charles Harsanyi, 1920-2000 年）は，経済学者であったが，ゲーム理論はあくまで分析の道具として開発された。したがって，本来であれば，ゲーム理論の開発史に政治経済的な思想が絡む余地はほとんどない。次節で説明するようにゲーム理論は，構造としては不動点定理と確率論でできあがっていると言っても良い。実際，1944 年にフォン・ノイマンとモルゲンシュテルンが，『ゲームの理論と経済行動』（*Theory of Games and Economic Behavior*）を発表したとき，次のように述べている。

> 対象となる概念や論点に明確さが欠けていたところで，厳密な数学的方法を用いたとしても何の役にも立たないことは明らかである。まずなすべき事は，一層注意深い記述的研究を通じて問題に関する知識を明確にすることである。しかし，経済学の中で記述的問題を十分に扱ってきた部門においてさえ，数学的用具が適切に利用されてきたことはめったになかった。たとえば，方程式や未知数の数を単に勘定するだけで，経済的な一般均衡を決定しようとする場合のように，数学的用具が不適当に扱われるか，あるいは文章表現を単に記号の形に焼き直すだけに終わって，それに続いて数学的分析を進めてこなかったのである。（Neumann and Morgenstern, 1944：銀林浩他訳, 6 頁）

フォン・ノイマンとモルゲンシュテルンが最初にゲーム理論を発表したときは，それまでの経済理論の中での数学の使い方の不適切さを指摘し，それに変わる新たな数理経済学を打ち立てることが目的だったのである。

図 11.1　ジョン・フォン・ノイマン　　図 11.2　オスカー・モルゲンシュテルン
　　　　（1903-1957 年）　　　　　　　　　　　（1902-1977 年）

　この意味で，ゲーム理論の成立過程を当時の政治経済史と並べて論じるのは必ずしも正しい視点とは言えない。ゲーム理論の成立に関わった人々の何人かは，第二次世界大戦中に非常に厳しい立場に置かれ，また戦後の冷戦期に重要な役割を担った。それにも関わらず，ゲーム理論そのものの発達は，研究者の信条よりも経済学のツールの開発として行われたのである。

　他方で，ツールとして開発されたゲーム理論は，現代社会の説明のためにきわめて強力であることも事実である。ゲーム理論は，経済法則の導出やモデルの検証という点において，いくつかの深刻な問題を抱えたままである。にも関わらず，応用経済学の分野では，複雑な現代社会を説明することができると期待されている。

　ここでは，純粋に数理的な方法としてのゲーム理論の形成史と同時にゲーム理論の応用の両方を概観することにする。

11.2 ゲーム理論の発達史

▶ ノイマンとモルゲンシュテルンによる創始

　ゲーム理論が登場したのは，1944年にノイマンとモルゲンシュテルンが刊行した『ゲームの理論と経済行動』が最初であるとされているが，それより16年前の1928年，ノイマンがMathematische Annalen誌に発表した「社会的ゲームの理論について」("Zur Theorie der Gesellscaftsspiele")ではすでにゲーム理論の核となる考え方が表れている。この論文は，さらにその2年前のゲッチンゲンの数学会での報告をもとにしたものである。

　経済学の中でよく用いられる**不動点定理**は，集合Aの中のあらゆる要素が，集合Aのいずれかの要素へと変換される自己写像f：A→Aが，少なくとも1つの不動点，すなわち同じ点へと変換されるような点を持つことを証明するものである。たとえば，関数 f が定義されるとして，$f(x)=x$, $x \in A$ となる点が必ず存在する。ノイマンが，不動点定理を用いて，この論文の中で証明したのは，[0, 1]区間における**零和2人ゲーム**の**ミニマックス定理**であった。ノイマンは，確率論を援用した混合戦略の概念を導入することで，零和2人ゲームには，解が存在することを証明した。

　ちなみに，零和2人ゲームとは，ゲームをしている2人の利得の和がゼロになるようなゲームである（図11.3）。ミニマックスとは，プレイヤーが得られる利得が最大なものの中から最少のものを選択する行動をいい，反対に最小の結果の中で最大のものを選択する行動を**マキシミン**という。

　ゲーム理論の数学的基礎はノイマンによって構築されたといってよい。それに対して，モルゲンシュテルンの貢献は，その後のゲーム理論の拡張性，応用可能性に関わるものであった。モルゲンシュテルンがゲーム理論の中に持ち込んだのは，その中で使用されるプレイヤーの概念，特に個人が自分の主観にしたがって行動するという考え方の徹底であった。

		プレイヤー2	
		S_{21}	S_{22}
プレイヤー1	S_{11}	−1, 1	−2, 2
	S_{12}	2, −2	1, −1

図 11.3　零和2人ゲーム

　モルゲンシュテルンは，メンガーやハイエクと同じオーストリア学派経済学に属する。オーストリア景気研究所では，ハイエクがイギリスに去った後の所長職を継いでいる。

　1870年代前後に，イギリス，フランス，オーストリアで同時に起こった限界革命は，主観主義革命でもあった。ものの価値をもの自体に内在すると考えるのではなく，それを観察している人の心の中で決められるとする効用概念の開発は，その後の経済学の出発点となった。中でもオーストリア学派は，人の主観性の概念に時間の概念を導入することによって厳密に検討した。

　人の選択行動の視点の中に時間を導入すると，すべての経済行動は，現在の消費と将来の投資の関係の問題に還元される。ワルラスの一般均衡理論は無時間，あるいはある瞬間の各財の需給関係の均衡を現したものであったが，オーストリア学派の関心は異なる時点間の財の需給均衡にあった。時間の概念が導入されると，不確実性が意識されるようになる。将来のことは，誰にもわからないからだ。

　モルゲンシュテルンが，ゲーム理論の構築に参加したことの意義は，このオーストリア学派の時間概念を経済学の中で広めたことにある。この，いわゆるノイマン-モルゲンシュテルン的主観効用概念と呼ばれる経済主体に関する仮定が最初に置かれていたことで，1960年代以降に重視されるようになった情報に関する議論が，ゲーム理論の中に速やかに接合されることになった。この意味で，ノイマンとモルゲンシュテルンのコラボレーションこそが，ゲーム理論の応用に多様性を持たせたといってよい。

ただし，ノイマンとモルゲンシュテルンが最初に提示した理論は，零和2人ゲームを除くと，現在では協力ゲームと呼ばれるものであった。これは，彼らが，ゲームの解の社会的意味を，人々の行動規範として捉えたことにある。この解は他のあらゆる選択よりも各プレイヤーへの配分が劣ることがない。

ノイマンとモルゲンシュテルンの協力ゲームでは，この解に到達するためには各プレイヤー間の協力関係が鍵となる。彼らは，人々が自発的に協力しなければ最適な状況に到達することができない協力ゲームの方が，社会規範を考える上では役立つと考えたに他ならない。ただし，彼らはどうすれば，この協力解に到達できるかを示さなかった。加えて，協力的でなければ成立しないモデルは，経済の描写の手法としては自ずと限界があった。

11.3　ナッシュ均衡

一般のミクロ経済学では，人は自分の効用のみを判断基準として選択を行う。人は他人の頭の中を覗くことができず，自分の利己心に従うしかないとするアダム・スミスの主張への経済学の回答が，1870年代に起きた限界革命であった。だが，ノイマンとモルゲンシュテルンの提案した協力ゲームは，主体は主観的であっても，互いに協力し合えるという点で，コミュニケーションが可能な存在であった。

これに対して，フォン・ノイマンのプリンストン大学での学生であったジョン・ナッシュ（図11.4）は，1950年に発表した「n人ゲームにおける均衡点」"Equilibrium Points in N-person Games"において，非協力ゲームの解としての均衡点の概念を定義した。つまり，n人の参加者がいるゲームで，各プレイヤーが互いに協力し合わない場合でも，混合戦略まで含めれば，必ずすべてのプレイヤーが採る戦略が他のプレイヤーの戦略に対して最適である点が少なくとも1つ存在することを証明した。わずか2ページの論文に書かれたナッシュの貢献が，ノイマン-モ

図 11.4　ジョン・ナッシュ
(1928-2015 年)

ルゲンシュテルンの大著に比しても遜色がないのは，プレイヤーが協力せず，零和ゲームでもなく，さらにマキシミン原理を用いなくても均衡解が存在することを示したからである。

　非協力ゲームにおけるいわゆる**ナッシュ均衡**の存在証明は，経済学に対して与える影響が非常に大きかった。なぜなら，非協力というナッシュの前提が，経済主体を他者から独立した存在として扱うそれまでの経済学との親和性が高かったからである。ナッシュは，交渉を非協力ゲームとしてモデル化し，ナッシュ均衡を実質上の協力であるとするナッシュ・プログラムを提唱した。これは協力ゲームをすべて非協力ゲームの観点から書き直そうとする試みである。ナッシュは，1953 年に発表した「2 人協力ゲーム」("Two-person cooperative games") では，2 人協力ゲームの交渉解が，非協力ゲームの唯一の均衡点であることを示した。

　こうしたナッシュの研究にも関わらず，1960 年代までは，ゲーム理論の研究は主に協力ゲームを中心に行われた。協力ゲームの研究は主に数学者によって行われ，シャープレー（Lloyd Stowell Shapley, 1923-2016 年）やシュビック（Martin Shubik, 1926-2018 年）の業績を除くと，あまり社会科学への応用が検討されなかった。

　これに対して，1960 年代になると，次第に非協力ゲームが，現実の経済分析において，重要な役割を果たすことが認識されるようになった。

そのきっかけとなったのが，ハーサニとゼルテンの研究である。ナッシュの理論では，プレイヤーはゲームの全体構造を把握しており，自分がゲーム全体の中でいまどういう状態にあるのかを常に知っている「情報完備」の仮定がなされている。この情報完備の仮定を緩めたときにナッシュ均衡がどうなるのかを，確率モデルを用いて検討したものである。たとえば，これは製品の品質について，購入者が販売者と比べて十分な知識を持ちえない中古車市場や医療のような問題について応用が可能である。

ゼルテンの研究は，展開型ゲームにおいて，ナッシュ均衡点が必ずしもプレイヤーの合理的選択を表すわけではないことを示した。その上で，各手番での部分ゲームにおいてプレイヤーの利得を最大化させる部分ゲーム完全均衡の概念を提出した。この概念は，産業組織論のみならず，金融や公共経済学などの広範囲での応用が可能であった。

これらのナッシュ・プログラムに沿った研究の特徴は，主体が合理的選択の結果到達すべき理想的な点を表す規範理論を示すと同時に，実際の社会が合理的選択からどのように外れているかを見せることができる点にある。ところが他方で，ナッシュ均衡が複数現れる場合，規範理論としては，どの均衡点が選択されるべきかの議論が必要となる。しかし，それぞれの実際の社会の中での均衡点の意味づけが難しく，そもそもそれらのナッシュ均衡に至る戦略をプレイすることが現実的なのかという疑問が払拭できなかった。規範理論としての検討は，均衡選択理論として1980年代末から始まり，実際の社会への応用は1970年代から生物学者のスミスとプライスによって始められた進化ゲーム理論に引き継がれた。

11.4　進化ゲーム理論の登場

　合理的選択の結果として成立するナッシュ均衡に対して，そもそも人は合理的に選択しているのか，あるいは複数あるナッシュ均衡の実際的

プレイヤー2

		S_{21}	S_{22}
プレイヤー1	S_{11}	2, 2	0, 3
	S_{12}	3, 0	1, 1

図 11.5　囚人のジレンマ

図 11.6　ジョン・メイナード＝スミス
(1920-2004 年)

な意味はあるのか，という疑問は非常に早い時期から現れていた。たとえば，図 11.5 での，囚人のジレンマゲームでのナッシュ均衡の利得 (1, 1) は，必ずしも最善の結果ではない。これは競争が必ずしも良い結果をもたらさない比喩としてしばしば用いられるが，そもそも実際の世界はこのような結果をもたらすのだろうか。

たとえば，生物界での生存競争を考えた場合，囚人のジレンマに陥ることは，同じ環境に存在する協業するグループが，滅亡の危険性にさらされることを意味するが，種が現存するという事実が，囚人のジレンマを回避する方法が存在することを示唆している。この問題に取り組み，**進化ゲーム理論**を考えたのが，メイナード＝スミス (John Maynard Smith，図 11.6) であった。メイナード＝スミスはプライス (George R. Price，1922-1975 年) との共同論文 "The logic of Animal Conflict" (1973 年) の中で，集団内のあらゆるプレイヤーがある戦略を採るとき，

他のどの戦略を採るプレイヤーも集団内に侵入できないような戦略のことを**進化的に安定な戦略**（evolutionary stable strategy）と呼んだ。

さらに国際政治学者のアクセルロッド（Robert M. Axelrod, 1943年-）は，発達したコンピュータ・シミュレーションを利用した研究を進めた。たとえば，ゲームの構造をプレイヤーが知っていて，ゲームが何度も繰り返されることを前提とすれば，相手に裏切られるまで自分も裏切らない（図 11.5 で言うと，（S_{11}，S_{21}）を選択する）という「**しっぺ返し戦略**」が考えられる。1 回切りのゲームだと，相手を裏切ってしまう場合でも，ゲームが何度も繰り返される場合は，相手に先に裏切られた場合でも，「しっぺ返し戦略」の方が，自分が得られる合計利得が大きくなる場合がありうるからだ。

それでは，相手に何回裏切られたら，こちらも裏切るのがいいのだろうか。1 回の裏切りでしっぺ返しをしたのでは，社会としては不安定すぎるかもしれない。つまり，簡単な繰り返し囚人のジレンマゲームを考えてみても，考えうる戦略は非常に多くなる。

アクセルロッドは，ある集団の中からランダムあるいは成績がいい 2 つの個体を抜き出し，それらによるゲームをさせ，よりよい成績を収めた方が集団内部での数を増加させるようなコンテストを行い，しっぺ返し戦略の優位性を示している。

また，アクセルロッドは，限られた情報しか得ることのできないプレイヤーが自分の周囲のプレイヤーの前回の戦略を観察することで，自分の戦略を決定するような行動を採るという戦略を採ることで，少数派の個体がコロニーを形成し生き残るモデルなども示している。

進化ゲームを初めとするゲーム理論の近年の研究が，コンピュータ・シミュレーションの発達と結びついているのは，そこで扱われる問題の多くが解析的に解くことが難しいことを示している。コンピュータ・シミュレーションに乗せるためには，関数型と変数の特定化という技術上の問題が発生するのだが，これはコンピュータの計算速度の速さによるしらみつぶし的なアプローチ等である程度回避することも可能である。

11.5 ゲーム理論の生まれた背景

　これまで見たようにゲーム理論の開発は，初期的にはほぼ数学的関心から行われたといってよい。その意味で，ゲーム理論は，研究者自身の社会的関心や思想・信条と研究の関係を考察する経済思想史のテーマにはなりにくい傾向がある。

　にも関わらず，ゲーム理論が，経済学のみならず，経済学や社会学，生物学などの多くの研究者に受け入れられたのは，現代社会の特徴を描き，分析するときにゲーム理論がきわめて有効だったからである。第5章で述べたように，ミクロ経済学の創始者たちは，それぞれ19世紀の自由社会や社会主義の理想を込めたが，ゲーム理論は，20世紀の社会を現すために最適であると考えられた。

　ゲーム理論の創始者であるノイマンとモルゲンシュテルンは二度の世界大戦を経験した。彼らが重視したのが，非協力ゲームではなく交渉が前提の協力ゲームであったことは，象徴的である。特にノイマンは力による均衡を信じていなかった。ノイマンは，ロス・アラモスで原爆製造のプロジェクトに参加し，近い将来ソ連も原爆の開発に成功すること，そしてソ連との戦争が近づいていることを予感していた。平和主義者ではなかったノイマンは，当然ソ連への先制攻撃を主張した。相手を破滅させるだけの同じ力を持った国どうしの力の均衡が，いつまでも続くはずはなく，先に抜け駆けされたら，アメリカが終わりであると予想したからである。

　そして，第二次世界大戦終了の年の10月，航空機メーカーのダグラス社と陸軍の協力により，アメリカ西海岸に**ランド研究所**が設立された。ランド研究所の設立目的は明らかにされていなかったが，大陸間弾道ミサイルの研究は当初より行われていたという。ランド研究所を指揮した空軍参謀部研究開発担当次長カーチス・ルメイは東京大空襲を実行した指揮官であった。ノイマンは1948年ランド研究所に所属するが，彼以外にもケネス・アロー（Kenneth Joseph Arrow, 1921-2017年），ナッ

シュ，シャープレー，シュビックらが在籍した。これらの研究者たちが，初期のゲーム理論研究を担ったのである。シャープレーとシュビックが共同で開発した**シャープレー=シュビック指数**は，多数決において，プレイヤーの提携を視野に入れた場合，1人のプレイヤーの投票が見た目以上の影響力を持つことを示したものである。

　しかし，彼らの多くが協力ゲームの研究を推進したこととは裏腹に，戦後世界は，ナッシュが提唱した非協力ゲームで描写すべき事象があまりにも多かった。ノイマンが予言したようなアメリカとソ連の核戦争こそ勃発しなかったが，その代理戦争は世界の各地で頻発し，まさに囚人のジレンマ状態にあるかに見えた。

　また，経済社会も，初期の一般均衡理論が想定したような誰も支配的な影響力を発揮できないような完全競争ではなく，ほとんどの市場で少数の企業が鍔迫り合いを繰り返す寡占あるいは独占的競争であった。ナッシュの非協力ゲームの成果の一つが，クールノー均衡，ベルトラン均衡，シュタッケルベルク均衡といった異なる均衡概念が，競争する企業が互いに相手の何を所与として行動するのかということの想定の差異に過ぎないことが明らかにしたことである。産業組織論の教科書では必ず学ぶこれらの均衡は，いずれも寡占を前提としたものであった。

　産業組織論では1980年代後半になると，外部性についての議論の一種である**ネットワーク外部性**と**システム互換性**が議論されるようになった。ネットワーク外部性とは，ある規格が**事実上の標準**（de facto standard）になる上で，商品の価格や品質以外に，その規格が競合する規格と比べてどれだけ普及しているかという情報が決定的な役割を果たすケースである。システム互換性とは，消費者が商品を購入する場合に既存のシステムとの互換性を重視するという事実に基づいた議論である。この問題の存在自体は1950年代から知られていたが，IT革命が始まった1980年代に特に注目された。PC/AT規格，WindowsとMackintoshといったOS，携帯電話の通話方式などにおいて，IT企業の行動戦略の中には，事実上の標準をいかに勝ち取るかが重要な要素として組み込まれ，技術の普及前から初期にかけて，規格間の熾烈な競争が当たり前の世界

となった。

さらに，1970年から1990年代にかけて発表されたクルーグマン (Paul Robin Krugman, 1953年-) の戦略的貿易管理論を初めとする国際経済学における業績は，リカード以来の貿易論に大きく変革をもたらすものであり，自由貿易が必ずしも双方の国家の利益を改善するために行われるわけでないことを明らかにした。戦略的貿易管理論は，東西冷戦終結後のアメリカの貿易政策に大きな影響を与え，日本経済などにも変革を迫ることとなった。

そして，これらの研究の中でも重要な役割を果たしていたのがゲーム理論であった。ゲーム理論の理論的進歩自体は現在停滞気味であるが，応用可能性はコンピュータ・シミュレーションの普及などとともに，政治・経済以外の分野にもさらに広まっていくと考えられている。

11.6 まとめ

ゲーム理論の最大の問題として，一般均衡理論分析の結果などと比べると，計量的な実証研究と突き合わせることが難しいという問題を抱えている。それはゲーム理論の想定している状況がきわめて閉鎖的だからであり，また使われている変数が観察できないものであることが多いからである。また，進化ゲーム理論には典型的に見られる問題だが，そもそも理論的に想定されたセレクションのプロセスが，現実の時間に対応しておらず，理論的に正しくても結果の解釈が難しい場合もある。これらの問題ゆえに，ゲーム理論を用いた理論からは，いまだ普遍性を持った経済法則が現れていない

この問題を解決する方法として，最近試みられているのが，経済学実験である。実際の人を用いて，コントロールされた環境下でゲームを実際に行わせる。その結果と，検証対象となった理論の差異を解釈し，さらに理論の改良に努めるという方法が普及しつつある。

ゲーム理論は，ケインズの『一般理論』と並んで，20世紀の経済学

の最大の業績の一つである。最初は，数学的な興味によって作り上げられたものであり，それまでの経済理論を批判するものであったが，やがて経済学の主流の中に矛盾なく包摂されていった。

　ゲーム理論の応用範囲は広く，今後しばらくは経済理論の中心であり続けるだろう。またトップレベルのビジネススクールでもゲーム理論が教えられるように，「戦略」が必要とされる現場ではゲーム理論の考え方は，重視され続けると思われる。

【さらなる学習のために】

鈴木光男『ゲーム理論のあゆみ』，有斐閣，2014年。日本語で読める数少ないゲーム理論史の書籍。著者はモルゲンシュテルンの弟子で，ゲーム理論の登場以前のオーストリア学派などの背景にも詳しい

Poundstone W. (1993) *Prisoner's Dilemma,* (Cambridge：Anchor). (パウンドストーン著，松浦俊輔訳『囚人のジレンマ——フォン・ノイマンとゲームの理論』，青土社，1995年。) ノイマンを主人公に，ゲーム理論の誕生と発達をプリンストン高等研究所やランド研究所における群像劇として描いた書。ゲーム理論の概念を一通り頭に入れておいてからの方が読みやすい。

第 12 章

進化経済学と経済学の未来

学習のポイント
■限界革命以降の経済学とは異なる視点に立った経済学を調べてみよう。
■自分自身が経済学を学ぶ意味をもう一度考えてみよう。

12.1　経済学の裏歴史

　1870年代に起こった限界革命は，経済学の科学化を標榜し，古典力学を経済学の中に取り込もうとする。その試みはほぼ成功し，140年を経た現在でも新古典派経済学の方法は，いまだ経済学の主流を占めている。また，経済学は，同時期に発達した統計学と，約70年前に登場したゲーム理論を取り込みながら，一時「社会科学の女王」と自称する地位にまで上り詰めた。

　1989年，ベルリンの壁が崩壊し，1991年には，ソビエト社会主義共和国連邦が消滅した。意図的に国家を建設し，経済を完全に人の手で運営するという人類の壮大な計画は失敗に終わった。世界は，アメリカを中心とした市場社会に統合されるかに見えた。同じ時期に情報通信技術の発達とともに誰もが大量の情報に瞬時にアクセスできる時代となった。情報量が増えその入手コストが下がれば，新古典派経済学で理想とされた完全情報状態に近づくと信じられていた。また，経済学，経営学，そして金融工学の発達から，在庫とリスクの管理が可能な限り最適な手法が採用され，その結果，従来型の景気循環は起こらないというニューエコノミー論が生まれることとなった。

　しかし，1997年のアジア通貨危機，1998年のロシア通貨危機，そして2008年のリーマンショックと世界的に波及し，国家財政を破綻に至らしめるほどの恐慌は続いており，その規模は拡大している。従来の国家の枠組みを超えた通貨のコントロールを狙ったユーロもまた，ギリシャやスペインの財政破綻の結果，困難に直面した。

　2009年11月にロンドン・スクール・オブ・エコノミクスを訪問したエリザベス女王は，居並ぶ経済学者に対して「なぜ，経済学はリーマンショックを予測できなかったのか」という問いを発した。これに対して，主流派の経済学者は，多くの識者が危機を予想していたが，その危機がいつ，どんな形で現れるかを正確に予想できなかったこと，そして日常的にはそれなりにうまくやれていると思っていたのだが，そこで生じる

小さな不均衡が集まったときに何が起きるかについての見識が欠けていた，と答えただけであった。

とはいえ，経済学が停滞していたわけではない。1990年代に入って，従来は経済心理学と呼ばれていた分野が**行動経済学**という名前で再度注目されるようになり，それまでは難しいと言われていた被験者実験を用いた研究が進められている。さらにはfMRI（機能的核磁気共鳴画像法）などの技術の発達により，これまで不可能だった人の頭の中を観察する手法が登場した。ジェヴォンズ（第5章）が夢見た効用の測定が可能な時代になったのである。

そこで発見されつつあるのは，人の非合理性や非線形の効用関数である。だが，限界革命以降，経済学の中心であった均衡理論体系を可能ならしめてきたのは，数学的に言えば，連続的でかつ凸性の条件を満たす関数，言い換えれば，均衡点に到達するための最低限の条件が仮定された主体であった。だが，近年の実験の結果はこれらの条件を覆しており，そこで発見された行動条件を議論の出発点に置くと，おそらく犠牲になるのは均衡理論，それも一般均衡理論であると思われる。

だが，他方で経済学において，何らかの形でも経済法則を導き出せたのは一般均衡理論を基礎とした理論であることは間違いない。ゲーム理論は状況の描写力に富むがそれ自体が明確で意味のある経済法則を示したことはない。

このように経済学は，その道具の発達とは裏腹に，理論的にも実証的にも曲がり角に来ている。実際の経済主体の不完全な合理性が知られるにつれ，モデルの中で合理性を仮定することでそれを現実に対する理想状態として考える規範理論の意味も変わってくるだろう。人が何らかの理由で合理的に行動できないのであればまだしも，人が本質的に合理的でないとすると，ありえない状況を基準として経済学を作ることには意味はないからである。

12.2　進化経済学とは何か

　経済学の未来を豊かなものとするためには，現在の経済学をより多様なものとするしかない。それが経済学に限らず，あらゆる事象の発達のプロセスに必ず観察されることだからである。現代の主流派経済学に対する代替案として有力なのが**進化経済学**である。

　実は進化経済学の歴史自体は，現在の主流となっている経済学とあまり変わりがない。19世紀に経済学を科学化しようとしたとき，古典力学とともに経済学に導入を試みられたのが進化論であった（第5章，第6章参照）。事実，進化論の導入の痕跡は主流派経済学にも残っている。つまり，合理性の仮定は，「合理的に行動しなければ長期的には市場から淘汰される」という考え方に基づいたものである。言い換えれば，企業や労働者は，常に淘汰の圧力にさらされているからこそ，合理的に行動せざるを得ず，行動し得なかったものは市場には存在しないのである。

　もう少し具体的な例を挙げよう。近代経済学の確立に大きな貢献を行ったポール・サミュエルソン（第5章5.6）の『経済分析の基礎』（*Foundations of Economic Analysis*，1947年）の中の動学的理論は，統計学者であったアルフレッド・ロトカ（Alfred James Lotka，1880-1949年）の『数理生物学』（*Elements of Mathematical Biology*，1925年）の引き写しであった。そこではいわゆるロトカ-ヴォルテラ方程式が用いられるのだが，この方程式は元々生態系における捕食者と被食者の関係を表したものである。このように，古典力学を基礎とした経済学の中でも，進化論的な要素は取り入れられていた。

　しかし，現代まで続く多くの進化経済学の歴史の多くは，主流派となった経済学への批判であった。それは，進化経済学が，古典力学に基づいた経済学への代替案としてしばしば議論されているからである。ヴェブレン（第7章）などのような初期の進化経済学者は，限界革命期の経済学者たちと，現代の進化経済学者たちの多くは，今なお最適化原理のバリエーションに頼らざるをえない主流派経済学への批判を行っている。

さらに，一概に進化論の導入と言っても，進化経済学の歴史の中でその用いられ方は様々である。それは大きく言って，①自然界におけるのと同様な進化メカニズムが社会においても存在すると考えるもの，②社会を独特の進化システムとして捉えるもの，③生物としての人が進化の過程で，快楽計算のような行動原理を獲得したと考えるものの3つに分けられる。

まず①は，もっとも古くからある進化論的考え方であり，ロッシャー (Wilhelm Georg Friedrich Roscher, 1817-1894年) やアシュレー (William James Ashley, 1860-1927年) といった歴史学派の人々にしばしば見られる。比喩的に社会を有機体として捉える点では，コント（第7章7.2）やスペンサーそしてマーシャルなど（第6章）もこの流れの中に位置づけられる。

比較的新しい研究者では②の論者としては，シュンペータ (Joseph Alois Schumpeter, 1883-1950年) やハイエク（第9章）が知られる。シュンペータは，『経済発展の理論』（*Theorie der wirtschaftlichen Entwicklung*, 1912年）では，生物進化論と対比されることを慎重に回避しながら，経済発展のきっかけとしての企業者による革新と，それを可能にする金融システムの役割を論じた。

③の立場は，古くて新しい理論である。経済学や統計学の数理化に貢献したエッジワース（第5章5.3）は，効用最大化原理を説明する際に，人はかつて様々な行動原理を持っていたが，進化過程において快楽計算が生き残ったとしている。行動原理に関していえば，人の持つもの作り本能と競争心という2つの本能から社会進化を論じたヴェブレンもこのグループに含まれる。

いずれのグループも，主流派経済学の方法が，個々の経済主体（人や企業）に還元して，ある時点での意思決定問題として経済を捉えることに対して，全体から個体か，あるいは個体が他の個体から独立でないことを前提として議論を組み立てるべきであることを指摘している。

これらの進化経済学の古典は，力学的経済学の「裏メニュー」として，経済学の発展史の中で常に見られる。現代の進化経済学では，シュンペ

ータの流れを引くグループがもっとも大きなグループとなっている。この分野では，ネルソン（Richard Nelson，1930年-）とウィンター（Sidney Winter，1935年-）による『経済変動の進化理論』（*An Evolutionary Theory of Economic Change*，1982年）や，アンデルセン（Esben Sloth Andersen，1947年-）の『進化経済学』（*Evolutionary Economics*，1994年）など，理論的研究が進められているだけでなく，新古典派経済学があまり得意としてこなかった経営学や社会学などの隣接領域との接合なども図られている。

また，マーシャルに一端を発する収穫逓増問題は，1990年代に進んだ複雑系の研究と融合し，技術革新と経済成長の問題を論じることになる。この問題は同時期に新古典派マクロ経済学などでも内生的成長理論として採り上げられたが，進化経済学では技術革新自体を経済外部の問題として取り扱うのではなく，それ自体を議論の中に含めようとする点に特徴を持つ。アーサー（William Brian Arthur，1946年-）は，成長経路が必ずしも単線的ではなく，現実の成長は複数ある経路の一つをたどっているに過ぎないことさらには，その経路が必ずしも安定的ではないことを示している。

さらに，これらの理論の中には，ハイエクが重視した経済活動における現場の知識についての何らかの議論がなされている。この知識論は，経営学，特に組織論でも重視されており，進化経済学が経営学さらには会計学や社会学の一部とも結びつくための架け橋となっている。

日本でも進化経済学の研究は盛んである。進化経済学会編の『進化経済学ハンドブック』（2006年）によると，進化するものとして商品，技術，行動，制度，組織，システム，知識が上げられており，実証分析からコンピュータ・シミュレーションを用いたアプローチまで，広範な研究が進められている。

12.3　経済学に未来はあるのか？

　経済学は人類の学問史の中では比較的新しい分野である。経済問題は，古代社会の中にすでに議論されていたにも関わらず，経済学は長らく独立の学問ではなく，法学の一部であった政治学，国家学のそのまた一部であった。経済学の古典であるスミスの『国富論』が，彼の法学講義の一部であったことが，それを如実に物語っている。それが19世紀末になってようやく1つの学問として確立する。現在の主流派経済学の歴史は140年程度に過ぎず，物理学や化学の三分の一，哲学，法学・政治学，数学に比べると十分の一以下でしかない。経済学は，それゆえの未完成さを隠すことはできない。にも関わらず，取り扱う問題は非常に複雑である。おそらく経済予測の難しさは，地震予知の現状に匹敵するだろう。

　進化経済学だけでなく，経済学の変革を求める動きは，主流派経済学の中からも起きている。実験経済学や神経経済学の結果は，単純な行動関数の仮定では，現実の経済行動を描写できないことを示している。進化経済学では，ニューラルネットワークによる学習システムを個々の経済主体の中に組み込み，それを用いて経済学の体系を再構築する試みも始まっている。

　にも関わらず既存の経済学が力を持ち続けるのは，それが持つ規範性である。本書で紹介した経済学者は，ほとんどが現実の経済問題に直面し，それに対する選ぶべき道を示してきた人々である。もちろん，その意見は取り入れられなかったことも多いが，それでも何らかの理想とすべき姿を提示することで政策の指針を示してきた。マーシャルやピグーに始まる厚生経済学はその典型であり，社会厚生の最大化という観点で政策の舵取りを提案してきた功績は大きい。

　保護貿易，金融財政政策，社会保障や規制緩和に至るまで経済学は，比較的わかりやすい政策的指針を出すことを使命としてきた。過剰な単純化であるとする批判は，経済学が登場したときにはすでに存在したが，にも関わらず経済学が方針を変えなかったのは，経済学内部で社会の方

向性を定める議論を完結できたからである。

　ところが，経済主体や価値観の多様性を取り込み，行動原理を現実に近づければ近づけるほど，そこから導かれる帰結もまた多様であり，明確な形での政策的含意が導きにくいということがわかっている。たとえば，現在の進化経済学の方向性がそのまま進められるとすれば，経済学内部から理想の状態を提示することができず，むしろ外部から社会の目指すべき優先順位を与えられ，その範囲でのありうる選択肢の提示が経済学の役割となるだろう。つまり，経済学は経済学内部で完結しない学問体系となる。

　この問題は，もし経済的な価値観と両立しない価値観が社会によって選択されたとき，その価値観がもたらす社会はおそらく持続可能でないことである。20世紀に行われた壮大な社会主義の実験は，経済的に非論理的な構造を持つ社会は，人の自由を束縛する形で統制を行うしかないし，それでも最終的には維持できないことを示した。現代社会において，人々を苦しめる最大の要因は経済要因である一方で，経済原理に逆らって現代社会を維持することはできないのである。この問題は，20世紀前半，厚生経済学の誕生期に多くの経済学者たちによって議論された問題だった。それは未解決のまま，戦後の経済学が始まったのである。

　おそらく，今後，経済学は技術的にさらに高度化する一方で，経済学の社会における位置づけの基本的な問題に立ち返らなければならないだろう。マーシャルは，経済成長による貧困の解決を目指したが，どれだけ経済成長してもその恩恵から漏れこぼれる人々は少なくないのが現状である。他方で，中東問題のように経済以外の価値観の多様性を突きつけてくる問題も少なくない。おそらくその相性の悪さは，市場経済と民主主義以上であろう。戦後一般均衡理論の完成に尽力した経済学者の少なくない人々が，ユダヤ人であり20世紀前半を通じて，宗教差別に辛酸をなめた人々であった。そのため彼らが経済理論を完成するとき，その中には，経済原理だけ守れば，人種や宗教などに関わらず社会的調和がもたらされるという証明が埋め込まれたと指摘する思想史家もいる。21世紀の経済学者は，おそらく価値の多様性を取り込みながらも，そ

れと両立する経済原理を見つけ出さなければならないだろう。

【さらなる学習のために】

進化経済学会編『進化経済学ハンドブック』，共立出版，2006 年。現代の進化経済学が対象とするテーマおよび概念を一冊にまとめたもの。最初から読んでいくような書籍ではないが，主流派の経済学と対象にして読むとわかりやすい。

西部忠・吉田雅明編著『進化経済学 基礎』，日本経済評論社，2010 年。おそらく，世界で最初に刊行された進化経済学の教科書。複製子−相互作用子という枠組みで全体が一貫して書かれている。学部生でも読める構成になっている。

参考文献

[欧文文献]

Andersen, E. S.〔1994〕 *Evolutionary Economics: Post-Schumpeterian Contribution*, (London: Pinter).（八木紀一郎監訳『進化経済学——シュンペーターを超えて』, シュプリンガー・フェアラーク東京, 2003 年)。

Arthur, B. W.（1994）*Increasing Returns and Path Dependence in the Economy*, (Ann Arbor: University of Michigan Press).（有賀裕二訳『収穫逓増と経路依存——複雑系の経済学』, 多賀出版, 2003 年。)

Backhaus, R. E. and B. W. Bateman（2011）*Capitalist Revolutionary John Maynard Keynes*, (Cambridge: Harvard University Press).（西沢保監修, 栗林寛幸訳『資本主義の革命家　ケインズ』, 作品社, 2014 年。)

Dunn, J.（1984）*Locke*, (Oxford: Oxford University Press).（加藤節訳『ジョン・ロック——信仰・哲学・政治』, 岩波書店, 1987 年。)

Ebenstein, L.（2009）*Milton Friedman: A Biography*, (London: Palgrave Macmillan). （大野一訳『最強の経済学者　ミルトン・フリードマン』, 日経 BP 社, 2008 年。)

Friedman, M.（1953）*Essays in positive economics*, (Illinois: University of Chicago Press).（佐藤隆三・長谷川啓之訳『実証的経済学の方法と展開』, 富士書房, 1977 年。)

Friedman, M.（1962）*Capitalism and freedom*, (Illinois: University of Chicago Press). （近代資本主義研究会訳『資本主義と自由——競争的資本主義の正しい役割』, 近代資本主義研究会, 1963 年。)

Friedman, M. and R. Friedman（1980）*Free to choose: a personal statement*, (New York: Harcourt Brace Jovanovich).（西山千明訳『選択の自由——自立社会への挑戦』, 日本経済新聞出版社, 2012 年。)

Hayek, F. A.（1931）*Prices and Production*, (London: Routledge).（古賀勝次郎訳『貨幣理論と景気循環/価格と生産』, ハイエク全集 1-1, 春秋社, 2008 年。)

Hayek, F. A.（1944）*The Road to Serfdom*, (London: Routledge).（西山千明訳『隷属への道』, ハイエク全集 1-別巻, 春秋社, 2008 年。)

Hayek, F. A.（1948）*Individualism and Economic Order*,（Illinois: Chicago University Press）.（嘉治元郎・嘉治佐代訳『個人主義と経済秩序』，ハイエク全集1-3，春秋社，2008年。）

Hayek, F. A.（1960）*The Constitution of Liberty*,（London: Routledge）.（気賀健三・古賀勝次郎他訳『自由の条件』，ハイエク全集1-5・6・7，春秋社，2007年。）

Hayek, F. A.（1973，1976，1979）*Law, Legislation and Liberty*,（London: Routledge）.（矢島鈞次・水吉俊彦訳『法と立法と自由』，Ⅰ・Ⅱ・Ⅲ，ハイエク全集1-8，春秋社，2007-2008年。）

Hayek, F. A.（1979）*Denationalisation of money the argument refined: an analysis of the theory and practice of concurrent currencies*,（London: IEA）.（池田幸弘・西部忠訳『貨幣論集』，ハイエク全集2-2，春秋社，2012年。）

Hilferding, R.（1910）*Das Finanzkapital: eine Studie über die jüngste Entwicklung des Kapitalismus*,（Wien: Wiener Volksbuchhandlung Ignaz Brand）.（岡崎次郎訳『金融資本論』，上・下，岩波書店，改版1982年。）

Jevons, W. S.（1957［1862］）*The Theory of Political Economy*, 5th ed.,（Kelley: New York）.（小泉信三他訳『経済学の理論』日本経済評論社，1981年。）

Keynes, J. M.（1919）*The economic consequences of the peace*,（London: Macmillan）.（早坂忠訳『平和の経済的帰結』，ケインズ全集 第2巻，東洋経済新報社，1977年。）

Keynes, J. M.（1926）*The end of laissez-faire*,（London: Hogarth Press）.（伊東光晴編・宮崎義一訳『ケインズ ハロッド』，世界の名著69，中央公論新社，1980年。）

Keynes, J. M.（1930）*A treatise on money*,（London: Macmillan）.（長澤惟恭訳『貨幣論』，1・2，ケインズ全集 第5・6巻，東洋経済新報社，1980年。）

Keynes, J. M.（1936）*The general theory of employment interest and money*,（London: Macmillan）.（塩野谷祐一訳『雇用・利子および貨幣の一般理論』，東洋経済新報社，1995年。）

Könenkamp, R.（1972）*Papers and Correspondences of William Stanley Jevons*, Vol.Ⅰ,（London: Palgrave Macmillan）：1-52.（内川智子・中山千佐子訳『ジェヴォンズ評伝』（R. ケーネンカンプ・丸山徹著），慶應通信，1993年。）

Kuznets, S. and M. Friedman（1939）*Incomes from independent professional practice, 1929-1936*,（Cambridge: National Bureau of Economic Research）.

Lenin, V.（1916）Империализм, как высшая стадия капитализма（популярныйочерк）, n. p.（宇高基輔訳『帝国主義——資本主義の最高の

段階としての帝国主義』,岩波書店,1956年。)

Locke, J.(1689)*An Essay concerning Human Understanding*, London.(大槻春彦訳『人間知性論』,1〜4,岩波書店,1972-1977年。)

Locke, J.(1689)*Two Treatises of Government*, London.(加藤節訳『完訳 統治二論』,岩波書店,2010年。)

Macrae, N.(1992)*John von Neumann*,(New York: Pantheon).(渡辺正・芦田みどり訳『フォン・ノイマンの生涯』,朝日新聞社,1998年。)

Malthus, T. R.(1798)*An Essay on the Principle of Population*,(London: J. Johnson).(高野岩三郎・大内兵衛訳『初版人口の原理』,岩波書店,1962年。)

Malthus, T. R.(1814)*An essay on the influence of a low price of corn on the profits of stock, shewing the inexpediency of restrictions on importation: with remarks on Mr. Malthus' two last publications*,(London: J. Murray).

Malthus, T. R.(1814)*Observations on the effects of the corn laws, and of a rise or fall in the price of corn on the agriculture and general wealth of the country*,(London: J. Johnson).

Malthus, T. R.(1820)*Principles of political economy*,(London: J. Murray).(小林時三郎訳『経済学原理』,上・下,岩波書店,1968年。)

Marshall, A.(1890)*Principles of Economics*,(London: Macmillan).(永澤越郎訳『経済学原理』,1〜4,岩波ブックサービスセンター,1985年。)

Marshall, A.(1907)1907. "Social Possibilities of Economic Chivalry", The Economic Journal, in Marshall Alfred, 1925. *Memorials of Alfred Marshall*, edited by Pigou Arthur Cecil,(London: Macmillan): 323-346.(永澤越郎訳『経済論文集』,岩波ブックサービスセンター,1991年。)

Marx, K.(1867-1894)*Das Kapital*,(Hamburg: O. Meissner).(資本論翻訳委員会訳『資本論』,1-13,新日本出版社,1982-1989年。)

Menger, C.(1923)*Grundsätze der Volkswirtschaftslehre*, 2. Aufl., aus dem Nachlassherausgegeben von Karl Menger.(Wien).(八木紀一郎他訳,カール・メンガー『一般理論経済学──遺稿による「経済学原理」第二版』,1・2,みすず書房,1980-1982年)

Metcalf, J. S.(1998)*Evolutionary Economics and Creative Destruction*(Graz Schumpeter Lectures),(London: Routledge).(八木紀一郎・小山友則訳『進化的経済学と創造的破壊』,日本経済評論社,2011年。)

Mill, J. S.(1848)*Principles of Political Economy*,(London: John W. Parker).(末永茂喜訳『経済学原理』,1〜5,岩波書店,1959-1963年。)

Myrdal, K. G.（1953）*The Political Element in the development of Economic Theory*,（London: Routledge & Kegan Paul）.（山田雄三・佐藤隆三訳『経済学説と政治的要素』, 春秋社, 1983年。）

Nelson, R. and S. Winter（1982）*An Evolutionary Theory of Economic Change*,（Cambridge: Harvard University Press）.（後藤晃他訳『経済変動の進化理論』, 慶應義塾大学出版会, 2007年。）

Neumann, J. v. and O. Morgenstern（1944）*The Theory of Games and Economic Behavior*,（New Jersey: Princeton University Press）.（銀林浩・橋本和美・宮本敏雄監訳『ゲームの理論と経済行動』東京図書, 1972-1973年。）

Peart, S.（1996）*The Economics of W. S. Jevons*,（London: Routledge）.（石橋春男他訳『ジェヴォンズの経済学』, 多賀出版, 2006年。）

Poundstone, W.（1993）*Prisoner's dilemma: John von Neumann, Game Theory, and the Puzzle of the Bomb*,（London: Doubleday）.（松浦俊輔他訳『囚人のジレンマ——フォン・ノイマンとゲームの理論』, 青土社, 1995年。）

Ricardo, D.（1815）*Essay on the Influence of a Low Price of Corn on the Profits of Stock*,（London: John Murray）.

Ricardo, D.（1817）*On the Principles of Political Economy and Taxation*,（London: John Murray）.（羽鳥卓也・吉沢芳樹訳『経済学および課税の原理』, 上・下, 岩波書店, 1987年。）

Samuelson, P. A.（1947）*Foundations of economic analysis*,（Cambridge: Harvard University Press）.（佐藤隆三訳『経済分析の基礎』, 勁草書房, 1967年。）

Schumpeter, J. A.（1912）*Theorie der wirtschaftlichen Entwicklung*,（Berlin: Jochen Röpke und Olaf Stiller）.（塩野谷祐一他訳『経済発展の理論——企業者利潤・資本・信用・利子および景気の回転に関する一研究』, 岩波書店, 1977年。）

Skidelsky, R.（1983）*Hopes betrayed: 1883-1920*（*John Maynard Keynes: a biography*）,（London: Macmillan）.（古屋隆・宮崎義一訳『裏切られた期待1883-1920年（ジョン・メイナード・ケインズ）』, 東洋経済新報社, 1987年。）

Smith, A.（1751）*The Theory of Moral Sentiments*,（Edinburgh）.（米林富男訳『道徳情操論』, 上・下, 未来社, 1970年。）

Smith, A.（1776）*An Inquiry into the Nature and Causes of the Wealth of Nations*,（London: W. Strahan, and T. Cadell）.（大内兵衛・松川七郎訳『諸国民の富』, 1〜5, 岩波書店, 1959-1966年。）（水田洋訳『国富論』, 1〜4, 岩波書店, 2000年。）

Veblen, T. B.（1899）*The theory of the leisure class: an economic study in the evolution of institutions*,（London: Macmillan）.（高哲男訳『有閑階級の理論——制度の進化に関する経済学的研究』，筑摩書房，1998年。）

Veblen, T. B.（1904）*The theory of business enterprise*,（New York: C. Scribner）.（小原敬士訳『企業の理論』，勁草書房，1996年。）

Veblen, T. B.（1919）*The place of science in modern civilisation and other essays*,（New York: B. W. Huebsch）.

Walras, L.（1926［1874］）*Éléments d'économie politique pure ou Théorie de la richesse sociale*,（Lausanne）.（久武雅夫訳『純粋経済学要論』岩波書店，1983年。）

[邦文文献]

荒川章義（1999）『思想史の中の近代経済学——その思想的・形式的基盤』，中公新書。

伊藤宣広（2006）『現代経済学の誕生——ケンブリッジ学派の系譜』，中央公論新社。

伊東光晴（1993）『ケインズ』，講談社。

稲上毅（2013）『ヴェブレンとその時代——いかに生き，いかに思案したか』，新曜社。

井上琢智（2013）「統計熱狂時代と W. S. ジェヴォンズ——A. ケトレーを中心に」，『経済学論究』，67巻2号：125-143。

井上義朗（1995）「アルフレッド・マーシャル——新古典派経済学の原像」，太田一廣他編『経済思想史——社会認識の諸類型』所収，名古屋大学出版会。

今村仁司（2005）『マルクス入門』，筑摩書房。

江頭進（1999）『F. A. ハイエクの研究』，日本経済評論社。

江頭進（2002）『進化経済学のすすめ』，講談社。

大田一廣他編（1995）『経済思想史——社会認識の諸類型』，名古屋大学出版会。

岡田章（2007）「ゲーム理論の歴史と現在——人間行動の解明を目指して」，『経済学史研究』，49巻1号：137-154。

小野高治（1962）「イギリス産業革命と人口問題」，同志社大学『経済学論叢』，12巻1号：87-108。

亀井高孝他編（1995）『世界史年表・地図』，吉川弘文館。

木村靖二・佐藤次高・岸本美緒（2013）『詳説世界史B』，山川出版社。

坂口正志（1974）「マーシャルの代表的企業概念の導入の事情について」，『富大経済論集』，20（1-2）：39-57。

佐々木憲介（2008）「W. J. アシュレーによる方法論争の総括」北海道大学『經濟學研究』，58（1）：39-56。

進化経済学会編（2006）『進化経済学ハンドブック』，共立出版。

杉原四郎・佐藤金三郎（1982）『マルクス経済学』，有斐閣。

鈴木圭介編（1972）『アメリカ経済史』，東京大学出版会。
鈴木光男編著（1973）『ゲーム理論の展開』，東京図書。
鈴木光男（2014）『ゲーム理論のあゆみ』，有斐閣。
須田伸一（2010）「サミュエルソンの顕示選好理論」，『三田学会雑誌』，103 巻 2 号：57-77。
高哲男（1991）『ヴェブレン研究』，ミネルヴァ書房。
高哲男編（2002）『自由と秩序の経済思想史』，名古屋大学出版会。
田中正司（1997）『アダム・スミスの倫理学——『道徳感情論』と『国富論』』，上・下，御茶の水書房。
寺尾建（2011）「ジョン・ナッシュ」，根井雅弘編著『現代経済思想——サムエルソンからクルーグマンまで』，ミネルヴァ書房，2011 年。
堂目卓生（2008）『アダム・スミス——『道徳感情論』と『国富論』の世界』，中央公論出版社。
戸塚茂雄（2002）『社会科学としての経済学講義』，開成出版。
中澤信彦（2009）『イギリス保守主義の政治経済学——バークとマルサス』，ミネルヴァ書房。
中村廣治（2009）『リカードウ評伝——生涯・学説・活動』，昭和堂。
根井雅弘（1995）『二十世紀の経済学——古典から現代へ』，講談社。
根岸隆（1985）『ワルラス経済学入門——「純粋経済学要論」を読む』，岩波書店。
藤井賢治（2002）「市場と組織の経済学：A．マーシャル」，高哲男編『自由と秩序の経済思想史』，名古屋大学出版会。
松下圭一（1987）『ロック「市民政府論を読む」』，岩波ブックセンター。
松嶋敦茂（1996）『現代経済学史 1870-1970——競合的パラダイムの展開』，名古屋大学出版会。
間宮陽介（2006）『ケインズとハイエク——"自由"の変容』，筑摩書房。
水田洋（1997）『アダム・スミス』，講談社。
三土修平（1993）『経済学史』，新世社。
森戸政信（2000）『マーシャル体系の成立——マーシャルとドイツ経済学』，多賀出版。
八木紀一郎（2006）「カール・メンガー：精密理論と主観主義」，八木紀一郎編著『経済思想 7 経済思想のドイツ的伝統』，日本経済評論社：464-471。
山本堅一（2011）「A．マーシャルの有機的成長論における経済騎士道と生活基準の役割」，北海道大学『経済学研究』，61（3）：37-50。
吉川洋（1995）『ケインズ——時代と経済学』，筑摩書房。
吉野裕介（2014）『ハイエクの経済思想——自由な社会の未来像』，勁草書房。

索　引

人名索引

あ　行

アーサー，W. B.　182
アクセルロッド，R. M.　172
アシュレー，W. J.　181
アロー，K. J.　173
アンデルセン，E. S.　182

ヴァイナー，J.　148
ヴィーザー，F. v.　67
ヴィクセル，J. G. K.　73, 130
ウィンター，S.　182
ウェイトリー，R.　64
ヴェーム-バヴェルク，E. v.　67, 130
ウェブ，M. B.　80
ウェブ，S. J.　80
ヴェブレン，T. B.　87, 92, 180
ウェルズ，H. G.　80
ウォレス，A. R.　96

エッジワース，F. Y.　67, 181
エリザベス1世　4
エンゲルス，F.　49

オイケン，W.　149

か　行

カートライト，E.　36
カーネギー，A.　94
カーン，R.　120
カウツキー，K. J.　56

クーパー，A.　2
クズネッツ，S. S.　149
クルーグマン，P. R.　175
クロムウェル，O.　2

ケインズ，F. A.　108
ケインズ，J. M.　108, 128, 146, 175
ケインズ，J. N.　108

ケネー，F.　16
ケルゼン，H.　138

ゴールトン，F.　97
ゴッセン，H. H.　64
ゴドウィン，W.　38
コルベール，J. B.　24
コント，I. A. M. F. X.　96, 181

さ　行

サイモン，H. A.　136
サミュエルソン，P. A.　76, 121, 180

ジェヴォンズ，W. S.　65, 67, 83, 151, 179
シャープレー，L. S.　169, 174
シュパン，O.　127
シュビック，M.　169, 174
シュルツ，H.　148
シュワルツ，A.　148
シュンペータ，J. A.　181
ショー，G. B.　80
ジョーンズ，H.　147

スタンフォード，A. L.　95
スティグラー，G. J.　149
スペンサー，H.　81, 96, 181
スマイルズ，S.　63
スミス，A.　16, 39, 64, 102, 168, 183
スミス，V. L.　142

ゼルテン，R.　164

た　行

ダーウィン，C. R.　38, 81, 95
ダグラス，P. H.　148
ダランベール，J. L. R.　19

チャーチル，W. L. S.　108

ディドロ，D.　19

193

デュルゴー，A. R. J.　16

な 行

ナイト，F. H.　148
ナッシュ，J. F. Jr.　164, 168
ナポレオン・ボナパルト　36

ニューコメン，T.　18
ニュートン，I.　19

ネルソン，R.　182

ノイマン，J. v.　74, 164

は 行

バーク，E.　138
ハーサニ，J. C.　164
バーボン，N. U. J. C. H. D. F. T. T. H. B. D.　64
バーンズ，A. F.　147
ハイエク，F. A. v.　73, 110, 126, 149, 166, 181, 182
ハウタッカー，H. S.　76
ハチソン，F.　16
パレート，V. F. D.　67
バローネ，E.　75, 135
ハロッド，R.　120

ピグー，A. C.　110
ビクトリア女王　37
ヒックス，J.　117
ヒューム，D.　20, 38
ヒルファーディング，R.　57

フィッシャー，I.　69, 154
フィリップス，A. W. H.　154
フリードマン，M.　128, 146
フリードマン，R. D.　146

ベヴァリッジ，W.　121
ベルンシュタイン，E.　56
ベンサム，J.　67
ヘンリー8世　4

ホーガス，W. H.　22
ボールトン，M.　18
ポパー，K. R.　128
ホプキンス，J.　95
ホワイト，H. D.　111

ポンパドゥール夫人　26

ま 行

マーシャル，A.　67, 74, 80, 102, 110, 181
マクレガー，D. H.　110
マルクス，K.　41, 49, 146
マルサス，R.　36

ミーゼス，L. H. E. v.　73, 127
ミュルダール，K. G.　73
ミル，J.　39
ミル，J. S.　30, 63
ミレー，J. F.　62

メイナード=スミス，J.　171
メッテルニヒ，K. W. L. F. v.　49
メンガー，C.　65, 72, 137, 166

モルゲンシュテルン，O.　74, 164

ら 行

ランゲ，O.　135

リカード，D.　26, 36
リスト，F.　26
リンカーン，A.　92
リンダール，E. R.　73
リンネ，C. v.　20

ルイ14世　24
ルイ15世　26
ルクセンブルク，R.　56
ルソー，J. J.　38

レーニン，V.　58

ローダデール，J. M.　64
ロック，J.　2
ロックフェラー，J. D.　92
ロッシャー，W. G. F.　181
ロトカ，A. J.　180
ロビンズ，L. C.　110
ロビンソン，J.　120

わ 行

ワット，J.　18
ワルラス，A. A.　66
ワルラス，M. E. L.　65, 69, 83

事項索引

あ行

一般均衡理論　72, 75, 83, 121, 135, 179, 184
　——分析　175
一般利潤率　54
インド　4

ウィーン大学　66, 67, 126, 130, 135

英国国教会　4, 5
英国病　129
エジンバラ　16
演繹的　74
演繹理論　151

オーウェンズ・カレッジ　66
大きな社会（the great society）　138
オーストリア学派　67, 73, 76, 130, 137, 167
　——経済学　131, 167
オーストリア景気研究所　167
オックスフォード大学　2, 82, 88, 120

か行

カーネギー技術学校　95
カーネギー・メロン大学　95
外部経済　86
快楽計算　181
格差　38, 103
確率論　164, 166
寡占　174
価値論　40
株式会社　12, 17
　——制度　13
可変資本　52
　——価値　54
完全雇用　113

機械論　40
期間分析　83
技術革新　182
希少性　69
　——の理論　72
基数的効用　76
基数的表現　76
帰属理論　73
帰納的　74, 151
規範理論　170
規模の経済　85

救貧法　39, 40
教育バウチャー制度　159
共感（sympathy）　21
恐慌　55, 62
競争心　98
協力ゲーム　168, 169, 173
極大化　69
キリスト教　5, 19, 20, 38, 39
　——信仰　96
均衡解　169
銀行制度　11
均衡点　75
均衡理論　179
近代的銀行制度　17
近代的金融システム　11
近代的損害保険制度　13, 17
金融資本主義　58

クールノー均衡　174
グラスゴー　24
グラスゴー大学　16, 18

計画経済　136
経済恐慌　133
経済成長　182
経済生物学　82, 87
経済的騎士道　88, 89
経済的自由　139, 140
経済的不平等　38
ゲーム理論　74
限界概念　68
限界革命　65, 74, 75, 83
限界効用　68, 69
　——論　67
顕示性選好の理論　76
顕示的消費　99, 100
限定合理性　136
現場の知識　135
ケンブリッジ　110
ケンブリッジ学派　76
ケンブリッジ大学　81, 82, 89, 108, 120

交換性向　23, 32
公共投資　119
口座取引　12
恒常所得仮説　153, 154
工場制手工業　18
厚生経済学　183

195

高税率高福祉国家　140
効用　64
効用関数　69
効用最大化　181
功利主義　68, 81, 95, 97
　——的観点　140
合理主義　138
国際貿易　23
穀物法　37, 40
個人主義　138
個人的自由　138
国教会　4, 5
古典的自由主義者　48
古典力学　75, 81, 87, 104, 180
コロンビア大学　149
混合戦略　166, 168
コンツェルン　101

さ 行

財産　6
財産権　3, 6, 7
財政赤字　119
最大多数の最大幸福　68
最低賃金法　80
最適化問題　75
サッチャー政権　141
産業革命　18

ジェントリ　2〜5, 37
シカゴ大学　95, 128, 134, 147〜150
資金　30
自己調節機能　114
資産選択　115
事実上の標準（de facto standard）　174
自主管理工場　48
市場　23
市場価格　30, 64
市場社会主義　66
システム互換性　174
自生的秩序　137, 138
自然価格　30
　——論　30
自然失業率　156
　——仮説　155
自然選択　96
　——説　38
実験経済学　183
執行権　6
実質賃金　113
実証研究　148

実証主義　74, 96, 151
私的所有権　7, 139, 140
支配労働価値　29, 30, 41
自発的失業者　113, 155
資本　28
資本主義社会　28
市民革命　2
社会計画　138
社会契約　7, 8
　——論　8
社会厚生　183
社会主義　66
社会進化論　128, 129, 142
自由　6
収穫一定　85
収穫逓減　85
　——型　85
収穫逓増　85
　——問題　182
自由競争　148
自由経済　142
自由権　6, 7
集産主義経済計算論争　75
自由市場　136
自由主義　102, 128, 139, 142, 149, 151
　——経済学　102
　——者　137
重商主義　24
囚人のジレンマ　174
修正主義　56, 57
自由選択理論　96
重農学派　26
重農主義者　16
自由農民（ヨーマン）　3
自由貿易　26, 40, 43, 44, 46, 66
　——論　2
自由放任主義　97
自由論　137, 142
主観　64
主観的価値論　64
シュタッケルベルク均衡　174
需要関数　69, 72
情報完備　170
情報の不完全性　136
剰余価値　52, 54
　——率　53
所有権　13
ジョンズ・ホプキンス大学　95
進化経済学　180, 182, 184
進化ゲーム　172

——理論　170, 171
進化論　81, 87, 89, 95〜97, 180, 181
神経経済学　183
新自由主義　141
進歩　81, 87
信用創造　12, 114

スタグフレーション　156
スタンフォード大学　95

清教徒（ピューリタン）　2
清教徒革命　2, 4, 5
生産関数　72
生産の三要素　28
政治的自由　139, 140
生物進化論　104, 181
生命　6
生命権　6, 7
セールスマンシップ　101
世界恐慌期　146
石炭　17
零和ゲーム　169
零和2人ゲーム　166, 168
全体主義　138
全米経済研究所（NBER）　148
戦略的貿易管理論　175

測定可能性　76

た　行

第三共和制　62
大陸封鎖　37
——令　36
短期　83, 84

地金論争　39
地代　30, 42
——論　40
長期　83, 85
長期フィリップス曲線　156
超短期　83
超長期（趨勢）　83
賃金　51, 52, 55
——労働者　51
——論　40

帝国主義　59
——国家　59
——論　58
適者生存　81, 96

展開型ゲーム　170

投下労働価値　29, 30, 40, 41
——説　40, 43, 46
道具主義　152
統計　151
統計学　74, 97, 181
統計研究　151
道徳哲学　19
土地　28

な　行

内生的成長理論　182
内部経済　86
ナッシュ均衡　169, 170
——点　170
ナポレオン戦争　37, 39, 66

ニューディール政策　146

ネットワーク外部性　174

ノイマン-モルゲンシュテルン的主観効用概
　念　167

は　行

比較優位　45
——説　40, 44
東インド会社大学　38
非協力ゲーム　168, 169, 173
非自発的失業　113
ビッグビジネス　101, 102
ピノチェト政権　139, 141, 150
ピューリタン（清教徒）　5
貧困　38, 48, 83, 86
——者　80
——層　48
——問題　80, 83

ファインチューニング　157
フィリップス曲線　154〜156
フェビアン協会　80, 87
不確実性　73
不完全情報　136
複雑系　182
福祉国家　150
——思想　121
不動点定理　164, 166
負の所得税　159
部分均衡理論　83

部分ゲーム　170
　　——完全均衡　170
不変資本　52
フランス革命　36
プリンストン大学　168
ブレトンウッズ体制　149, 150
プロテスタント　4, 25
分業　22, 23

ベルトラン均衡　174
弁証法　49
変動相場制　149, 150

貿易管理　25
北欧型福祉国家　140
保護貿易　26, 43, 46, 183
保守主義　138
ボックスダイアグラム　72
本源的生産手段　28

ま 行

マキシミン　166
　　——原理　169
マクロ経済学　137
マネタリスト　157
マンデルモデル　119

見えない手　24
ミニマックス　166
　　——定理　166

名誉革命　2

もの作り本能　97, 98
モンペルラン協会　128, 137, 149

や 行

有閑階級　89, 99〜101
有機体　87, 181
優生学　97
優生保護法　97

ユニバーサル・カレッジ　66

ヨークシャー　4

ら 行

ライフサイクル仮説　154
ラッダイト運動　43
ラトガース大学　146, 147
ランド研究所　173

力学的経済学　82, 87, 181
利己心　20, 22, 31, 32
利子　30
利潤率　54, 55
　　——の傾向的低下　59
利潤率低下　59
利潤論　40
略奪　98, 99
流動性　115, 120
理論　151

冷静な頭脳と暖かい心　83
レーガン政権　141
歴史学派　181

労働　28, 29
労働運動　80
労働価値説　28〜30, 51, 52, 60
労働組合運動　66
労働組合法　80
ローザンヌ学派　67
ローザンヌ大学　66, 67
ロックの3権　6
ロンドン・スクール・オブ・エコノミクス（LSE）　110, 127, 178

欧 字

IS-LM 図　116, 117
NBER（The Nnatonal Bureau of Economic Research；全米経済研究所）　148, 150

著者紹介

　　　江頭　進（えがしら　すすむ）

愛媛県生まれ。
1996年京都大学大学院経済学研究科後期博士課程卒業（経済学博士）。
1997年より小樽商科大学助教授，2007年より同教授。現在に至る。
主な著書に，『F. A. ハイエクの研究』（日本経済評論社，1999年）。『進化経済学のすすめ』（講談社，2002年），（edition）*Globalism and Regional Economy*, London: Routledge, 2013. 等。

経済学叢書 Introductory
はじめての人のための 経済学史

2015 年 6 月 10 日 ⓒ　　　初 版 発 行
2021 年 3 月 10 日　　　　初版第 5 刷発行

著　者　江 頭　　進　　　発行者　森 平 敏 孝
　　　　　　　　　　　　　印刷者　加 藤 文 男
　　　　　　　　　　　　　製本者　小 西 惠 介

【発行】　　　　　　　　　株式会社　新世社
〒151-0051　東京都渋谷区千駄ヶ谷 1 丁目 3 番 25 号
編集☎(03)5474-8818(代)　　　　サイエンスビル

【発売】　　　　　　　　　株式会社　サイエンス社
〒151-0051　東京都渋谷区千駄ヶ谷 1 丁目 3 番 25 号
営業☎(03)5474-8500(代)　　振替 00170-7-2387
FAX☎(03)5474-8900

印刷　加藤文明社　　　　　製本　ブックアート
《検印省略》

サイエンス社・新世社のホームページのご案内
http://www.saiensu.co.jp
ご意見・ご要望は
shin@saiensu.co.jp まで．

本書の内容を無断で複写複製することは，著作者および出版者の権利を侵害することがありますので，その場合にはあらかじめ小社あて許諾をお求めください．

ISBN 978-4-88384-226-1
PRINTED IN JAPAN

経済学叢書 Introductory

基礎から学ぶ ミクロ経済学
塩澤修平・北條陽子 共著　本体2,300円

はじめての人のための 経済学史
江頭　進 著　本体2,100円

入門日本経済論
釣　雅雄 著　本体2,800円

財政学入門
西村幸浩 著　本体2,700円

金融論入門
清水克俊 著　本体2,600円

国際金融論入門
佐々木百合 著　本体2,000円

公共経済学入門
上村敏之 著　本体2,500円

地方財政論入門
佐藤主光 著　本体2,800円

開発経済学入門 第2版
戸堂康之 著　本体2,600円

入門計量経済学
—Excelによる実証分析へのガイド—
山本　拓・竹内明香 共著　本体2,500円

初級統計分析
西郷　浩 著　本体1,800円

経済学で使う 微分入門
川西　諭 著　本体2,200円

※表示価格はすべて税抜きです。

発行　新世社　　　発売　サイエンス社